CONTEÚDO DIGITAL PARA ALUNOS
Cadastre-se e transforme seus estudos em uma experiência única de aprendizado:

1 Entre na página de cadastro:
https://sistemas.editoradobrasil.com.br/cadastro

2 Além dos seus dados pessoais e dos dados de sua escola, adicione ao cadastro o código do aluno, que garantirá a exclusividade do seu ingresso à plataforma.

5772035A1057582

3 Depois, acesse: https://leb.editoradobrasil.com.br/
e navegue pelos conteúdos digitais de sua coleção :D

Lembre-se de que esse código, pessoal e intransferível, é valido por um ano. Guarde-o com cuidado, pois é a única maneira de você acessar os conteúdos da plataforma.

CB037222

Editora do Brasil

AKPALÔ

COLEÇÃO AKPALÔ

GEOGRAFIA

Roseni Rudek
- Licenciada em Geografia pela Universidade Federal do Paraná (UFPR)
- Professora da rede particular de ensino

Lilian Sourient
- Licenciada em Ciências Sociais pela Universidade Federal do Paraná (UFPR)
- Professora municipal por 30 anos

2º ANO
Ensino Fundamental
Anos Iniciais

GEOGRAFIA

AKPALÔ
Palavra de origem africana que significa "contador de histórias, aquele que guarda e transmite a memória do seu povo".

São Paulo, 2019
4ª edição

Editora do Brasil

Dados Internacionais de Catalogação na Publicação (CIP)
(Câmara Brasileira do Livro, SP, Brasil)

Rudek, Roseni
  Akpalô geografia, 2º ano / Roseni Rudek, Lilian Sourient. – 4. ed. – São Paulo : Editora do Brasil, 2019 – (Coleção akpalô).

  ISBN 978-85-10-07428-5 (aluno)
  ISBN 978-85-10-07429-2 (professor)

  1. Geografia (Ensino fundamental) I. Sourient, Lilian. II. Título. III. Série.

19-26177   CDD-372.891

Índices para catálogo sistemático:
1. Geografia: Ensino fundamental 372.891
Maria Alice Ferreira - Bibliotecária - CRB-8/7964

abdr
Respeite o direito autoral

4ª edição / 3ª impressão, 2024
Impressão e acabamento
Lar Anália Franco (Grafilar Centro Profissionalizante Gráfica e Editora)

Editora do Brasil

Avenida das Nações Unidas, 12901
Torre Oeste, 20º andar
São Paulo, SP – CEP: 04578-910
Fone: +55 11 3226-0211
www.editoradobrasil.com.br

© Editora do Brasil S.A., 2019
Todos os direitos reservados

Direção-geral: Vicente Tortamano Avanso

Direção editorial: Felipe Ramos Poletti
Gerência editorial: Erika Caldin
Supervisão de arte e editoração: Cida Alves
Supervisão de revisão: Dora Helena Feres
Supervisão de iconografia: Léo Burgos
Supervisão de digital: Ethel Shuña Queiroz
Supervisão de controle de processos editoriais: Marta Dias Portero
Supervisão de direitos autorais: Marilisa Bertolone Mendes

Coordenação editorial: Júlio Fonseca
Coordenação pedagógica: Josiane Sanson
Edição: Gabriela Hengles e Guilherme Fioravante
Assistência editorial: Manoel Leal de Oliveira e Patrícia Harumi
Auxílio editorial: Douglas Bandeira e Marina Lacerda D'Umbra
Consultoria técnica: Gilberto Pamplona
Copidesque: Gisélia Costa, Ricardo Liberal e Sylmara Beletti
Revisão: Alexandra Resende, Elaine Cristina da Silva e Rita Rico
Pesquisa iconográfica: Daniel Andrade, Elena Molinari e Ênio Lopes
Assistência de arte: Livia Danielli
Design gráfico: Estúdio Sintonia e Patrícia Lino
Capa: Megalo Design
Imagens de capa: FatCamera/iStockphoto.com, londoneye/iStockphoto.com e Tomwang112/iStockphoto.com
Ilustrações: Adolar, Bruna Assis (abertura de unidade), Cristiane Viana, DAE (Departamento de Arte e Editoração), Danillo Souza, Dayane Cabral Raven, Diego Verginio, DKO Estúdio, Eduardo Belmiro, Estúdio Kiwi, Estúdio Mil, George Tutumi, Gutto Paixão, João P. Mazzoco, Kau Bispo, Leonardo Conceição, Marcos de Mello, Mílton Rodrigues, Paula Haydee Radi, Paulo César Pereira, Paulo José e Simone Ziasch
Coordenação de editoração eletrônica: Abdonildo José de Lima Santos
Editoração eletrônica: Talita Lima
Licenciamentos de textos: Cinthya Utiyama, Jennifer Xavier, Paula Harue Tozaki e Renata Garbellini
Controle de processos editoriais: Bruna Alves, Carlos Nunes, Rafael Machado e Stephanie Paparella

QUERIDO ALUNO,

O MUNDO PROVOCA EM NÓS GRANDE CURIOSIDADE. ELE É BASTANTE AMPLO, REPLETO DE PESSOAS E DE DIFERENTES PAISAGENS, MAS TAMBÉM PODE SER BEM PEQUENO QUANDO ANALISAMOS O ESPAÇO DE VIVÊNCIA, QUE PODE SER NOSSA CASA OU A RUA ONDE MORAMOS, POR EXEMPLO.

ESTE LIVRO FOI ESCRITO PARA VOCÊ COMPREENDER MELHOR O LUGAR EM QUE VIVE, AS PAISAGENS, AS PESSOAS E A MANEIRA PELA QUAL ELAS SE RELACIONAM COM O ESPAÇO E COM OS OUTROS.

NELE VOCÊ ENCONTRARÁ FOTOGRAFIAS, ILUSTRAÇÕES E MAPAS DE DIVERSOS LUGARES, ALÉM DE EXPLICAÇÕES, POEMAS, MÚSICAS, REPORTAGENS E TEXTOS QUE O AJUDARÃO A ENTENDER O ESPAÇO GEOGRÁFICO.

AS ATIVIDADES SÃO DIVERSIFICADAS E ABORDAM INÚMERAS SITUAÇÕES, NAS QUAIS VOCÊ SERÁ CONVIDADO A REFLETIR, DESCOBRIR, PESQUISAR E SE DIVERTIR. E O PRINCIPAL: TUDO ISSO DESPERTARÁ SEU INTERESSE PELO CONHECIMENTO.

ESTA COLEÇÃO FOI FEITA PARA VOCÊ. ESPERAMOS QUE GOSTE!

APROVEITE BEM O ANO!

AS AUTORAS

MARCOS DE MELLO

SUMÁRIO

UNIDADE 1
VIVER EM DIFERENTES LUGARES 6

CAPÍTULO 1: NOSSO DIA A DIA.................. 8
O DIA E A NOITE.. 8
ATIVIDADES DO DIA E DA NOITE 9

CAPÍTULO 2: DIFERENTES LUGARES 14
CARTÃO-POSTAL 14
DIFERENTES FORMAS DE MORAR 15
MANEIRAS DE SE ALIMENTAR 16

> **COMO EU VEJO:** DIREITOS DE TODAS AS CRIANÇAS 20
> **COMO EU TRANSFORMO:** DIREITOS: TODA CRIANÇA TEM............................ 22

> **HORA DA LEITURA:** EU E O OUTRO................... 23
> **REVENDO O QUE APRENDI** 24
> **NESTA UNIDADE VIMOS**............................... 26
> **PARA IR MAIS LONGE**................................... 27

UNIDADE 2
A ESCOLA E SEUS CAMINHOS 28

CAPÍTULO 1: LUGAR DE APRENDER 30
A NOSSA ESCOLA 30
AS DIFERENTES ESCOLAS 31
REFERENCIAIS DE LOCALIZAÇÃO 32
MANEIRAS DE OBSERVAR............................ 33

CAPÍTULO 2: O CAMINHO PARA A ESCOLA 38
DESCOBRINDO O CAMINHO........................ 38
SEGUINDO CAMINHOS................................ 39

> **#DIGITAL:** DE CASA PARA A ESCOLA 42

> **GEOGRAFIA EM AÇÃO:** QUEM LIMPA OS CAMINHOS?... 45
> **REVENDO O QUE APRENDI** 46
> **NESTA UNIDADE VIMOS**............................... 48
> **PARA IR MAIS LONGE**................................... 49

UNIDADE 3
LIGANDO OS LUGARES 50

CAPÍTULO 1: IR E VIR.............................. 52
TRÂNSITO NA ESCOLA 52
TIPOS DE RUAS 53
MEIOS DE TRANSPORTE 55

CAPÍTULO 2: PARA SE COMUNICAR................ 62
BRINCAR É SE COMUNICAR 62
MEIOS DE COMUNICAÇÃO 63

> **COMO EU VEJO:** ACESSIBILIDADE NOS CAMINHOS 68
> **COMO EU TRANSFORMO:** CAMINHAR DE FORMA SEGURA 70

> **HORA DA LEITURA:** RESPEITO E PAZ NO TRÂNSITO 71
> **REVENDO O QUE APRENDI** 72
> **NESTA UNIDADE VIMOS**............................74
> **PARA IR MAIS LONGE** 75

UNIDADE 4
LUGARES E PAISAGENS 76

CAPÍTULO 1: O BAIRRO E SUAS PAISAGENS 78
OBSERVANDO O BAIRRO 78
O QUE É UM BAIRRO?................................79
PAISAGEM E MUDANÇA 82
O TRABALHO TRANSFORMA O ESPAÇO 84

CAPÍTULO 2: A CULTURA DO BAIRRO 88
BRINCAR É SOCIALIZAR.............................88
O BAIRRO E A CULTURA DE SEUS MORADORES 89
ASPECTOS HISTÓRICOS E CULTURAIS.....................93

> **#DIGITAL:** AS CONSTRUÇÕES HISTÓRICAS E CULTURAIS DO BAIRRO..............................94

> **GEOGRAFIA EM AÇÃO:** AGENTE DO TRÂNSITO SEGURO NO BAIRRO........................97
> **REVENDO O QUE APRENDI** 98
> **NESTA UNIDADE VIMOS**................................100
> **PARA IR MAIS LONGE** 101

REFERÊNCIAS 102
ATIVIDADES PARA CASA 103
CADERNO DE CARTOGRAFIA 135
ENCARTES 139

UNIDADE 1
VIVER EM DIFERENTES LUGARES

- QUE LOCAL É APRESENTADO NA IMAGEM?
- O QUE AS CRIANÇAS ESTÃO FAZENDO?
- POR QUE CADA UMA DELAS TEM UMA BANDEIRA DIFERENTE?

CAPÍTULO 1
NOSSO DIA A DIA

O DIA E A NOITE

VOCÊ JÁ PERCEBEU QUE O AMBIENTE DURANTE O DIA É DIFERENTE DO AMBIENTE DURANTE A NOITE? OBSERVE A SEGUIR UMA PAISAGEM À NOITE. DESENHE-A EM UMA FOLHA DE PAPEL AVULSA, PORÉM MOSTRE COMO FICARIA ESSA PAISAGEM SE FOSSE DIA.

1 QUE DIFERENÇAS VOCÊ PERCEBE NO AMBIENTE QUANDO É DIA E QUANDO É NOITE?

2 AS ATIVIDADES QUE VOCÊ FAZ DURANTE O DIA SÃO DIFERENTES DAS QUE VOCÊ FAZ À NOITE?

ATIVIDADES DO DIA E DA NOITE

TODOS OS DIAS AS PESSOAS FAZEM VÁRIAS ATIVIDADES: ESTUDAM, BRINCAM, COMEM, TOMAM BANHO, PASSEIAM, TRABALHAM, DORMEM, ENTRE OUTRAS.

ALGUMAS ATIVIDADES SÃO REALIZADAS DURANTE O DIA E OUTRAS SÃO FEITAS DURANTE A NOITE.

OBSERVE AS ILUSTRAÇÕES.

ILUSTRAÇÕES: DAYANE CABRAL RAVEN

▶ CRIANÇAS NORMALMENTE ESTUDAM DE DIA, E PROFESSORES PODEM TRABALHAR DURANTE O DIA OU PARTE DA NOITE.

▶ CRIANÇAS GERALMENTE TAMBÉM USAM O DIA PARA BRINCAR E PRATICAR ESPORTES.

A MAIORIA DAS ESCOLAS FUNCIONA DURANTE O DIA.

ALGUNS ALUNOS ESTUDAM PELA MANHÃ, OUTROS, NO PERÍODO DA TARDE.

LOJAS, SERVIÇOS DE CORREIOS E BANCOS TAMBÉM FUNCIONAM DURANTE O DIA. OS FUNCIONÁRIOS DESSES ESTABELECIMENTOS DESCANSAM NO PERÍODO DA NOITE, ASSIM COMO OS ALUNOS QUE ESTUDAM DURANTE O DIA.

▶ PESSOAS PODEM LER DURANTE O DIA E TAMBÉM DURANTE A NOITE.

▶ ALGUMAS PESSOAS DORMEM NO PERÍODO DA NOITE, MAS OUTRAS TRABALHAM À NOITE E DORMEM DURANTE O DIA.

ALGUNS SERVIÇOS E OCUPAÇÕES, ENTRETANTO, SÃO FEITOS DURANTE A NOITE: VIGIAS NOTURNOS, CURSOS DE EDUCAÇÃO PARA PESSOAS QUE TRABALHAM DE DIA, ENFERMEIROS E MÉDICOS QUE CUIDAM DE PESSOAS À NOITE E LOJAS QUE FICAM ABERTAS NO PERÍODO NOTURNO. ASSIM, AS PESSOAS QUE FAZEM ESSAS ATIVIDADES TRABALHAM NO PERÍODO EM QUE OUTRAS DESCANSAM E, POR SUA VEZ, DESCANSAM DURANTE O DIA.

UM POUCO MAIS SOBRE

DIFERENTES ROTINAS

A FORMA DE ORGANIZAR O HORÁRIO DE TRABALHO MUDA CONFORME O LUGAR DO MUNDO. HÁBITOS CULTURAIS E OUTROS FATORES DETERMINAM AS DIFERENÇAS, POR EXEMPLO, SE FAZ MUITO FRIO OU MUITO CALOR NO LOCAL. NA ESPANHA, POR EXEMPLO, É COMUM TODO O COMÉRCIO FECHAR APÓS O HORÁRIO DE ALMOÇO PARA DESCANSO. ESSE HÁBITO SE CHAMA *SIESTA*. EM OUTROS PAÍSES, COMO O CHILE, DURANTE A SEMANA OS RESTAURANTES FECHAM BEM CEDO. MUITOS POVOS, COMO ALGUNS INDÍGENAS BRASILEIROS, DORMEM MUITO CEDO, PERTO DO HORÁRIO DO ANOITECER.

▶ RUA COMERCIAL NO PERÍODO DA *SIESTA*. MADRI, ESPANHA, 2015.

▶ ALDEIA YANOMÂMI NA FRONTEIRA ENTRE BRASIL E VENEZUELA, 2012.

1 PERGUNTE AOS ADULTOS QUE VIVEM COM VOCÊ SE ALGUM DELES ADOTA COSTUMES DE OUTROS POVOS, COMO DORMIR APÓS O ALMOÇO, DORMIR MUITO CEDO OU OUTROS HÁBITOS DIFERENTES. CONTE O QUE DESCOBRIU AO PROFESSOR E AOS COLEGAS.

ATIVIDADES

1 O QUE VOCÊ COSTUMA FAZER DE DIA? PINTE DE **AMARELO**. E O QUE VOCÊ COSTUMA FAZER À NOITE? PINTE DE **AZUL**.

ILUSTRAÇÕES: GUTTO PAIXÃO

2 PARA FUNCIONAR BEM, A ESCOLA DEVE TER UMA ROTINA. COMPLETE O QUADRO DESENHANDO OU ESCREVENDO AS ATIVIDADES QUE VOCÊ FAZ NA ESCOLA E O HORÁRIO EM QUE ELAS OCORREM.

HORÁRIO	O QUE FAÇO
ANTES DO RECREIO	
NO RECREIO	
DEPOIS DO RECREIO	

3 COM O PROFESSOR, PESQUISEM QUE TRABALHOS PODEM SER REALIZADOS DURANTE A NOITE E QUAIS PODEM SER FEITOS DURANTE O DIA. MONTEM UM CARTAZ COM DESENHOS E IMAGENS. EXPONHAM NA SALA DE AULA.

4 ASSINALE O HORÁRIO DE TRABALHO DOS PROFISSIONAIS A SEGUIR:

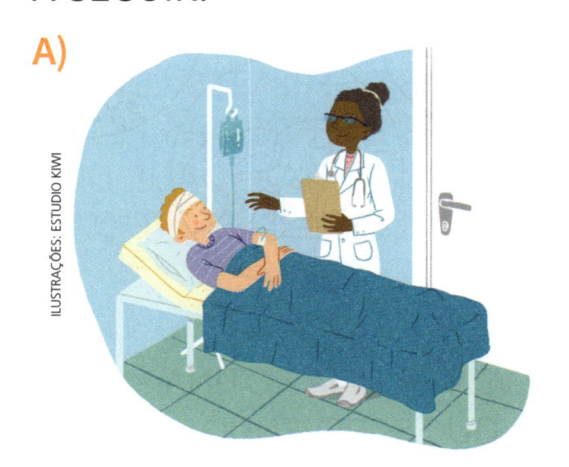

A)

▶ MÉDICA TRABALHANDO EM UM HOSPITAL.

☐ DIA ☐ NOITE

C)

▶ GUARDA OU VIGIA NOTURNO.

☐ DIA ☐ NOITE

B)

▶ CAIXA DE BANCO.

☐ DIA ☐ NOITE

D)

▶ PROFESSORA UNIVERSITÁRIA.

☐ DIA ☐ NOITE

CAPÍTULO 2 — DIFERENTES LUGARES

CARTÃO-POSTAL

O CARTÃO-POSTAL MOSTRA PAISAGENS DE DIFERENTES LUGARES. QUANDO VIAJAMOS, PODEMOS ENVIAR ESSES CARTÕES ÀS PESSOAS QUE CONHECEMOS. OBSERVE O CARTÃO-POSTAL DA CIDADE DE MANAUS, NO AMAZONAS. NELE ESTÁ FALTANDO UMA PARTE DA IMAGEM. COMPLETE-A DESENHANDO.

▶ CASARIO COLONIAL. MANAUS, AMAZONAS, 2015.

1 COMPARE O DESENHO FEITO POR VOCÊ COM OS DOS COLEGAS. EXISTEM ELEMENTOS SEMELHANTES ENTRE ELES? E DIFERENTES? QUAIS?

DIFERENTES FORMAS DE MORAR

NO EXERCÍCIO DA PÁGINA ANTERIOR, VOCÊ NOTOU DIFERENÇAS NA FORMA PELA QUAL VOCÊ E SEUS COLEGAS RETRATARAM UMA PAISAGEM? AS DIFERENÇAS NAS PAISAGENS SE REFLETEM TAMBÉM NA MANEIRA DE CONSTRUIR MORADIAS, QUE SÃO ADAPTADAS ÀS CONDIÇÕES NATURAIS DOS LOCAIS, POR EXEMPLO. OBSERVE AS FOTOGRAFIAS A SEGUIR:

- EM LOCAIS QUENTES, AS MORADIAS DEVEM TER PAREDES GROSSAS PARA PROTEGÊ-LAS DAS VARIAÇÕES DE TEMPERATURA.

    ▶ A COR BRANCA DA PINTURA AJUDA A DEIXAR A CASA MAIS FRESCA. SANTORINI, GRÉCIA, 2015.

- NOS LOCAIS EM QUE HÁ VENTO E FAZ CALOR, AS MORADIAS SÃO CONSTRUÍDAS COM JANELAS GRANDES PARA FACILITAR A CIRCULAÇÃO DO AR.

    ▶ CASA COM JANELÕES. CACHOEIRA, BAHIA, 2016.

- NOS LUGARES EM QUE NEVA, O TETO DEVE SER INCLINADO PARA EVITAR QUE A NEVE SE ACUMULE NO TELHADO E RESFRIE O AMBIENTE.

    ▶ CASA COM TELHADO QUE EVITA O ACÚMULO DE NEVE. ABRAMTSEVO, RÚSSIA, 2016.

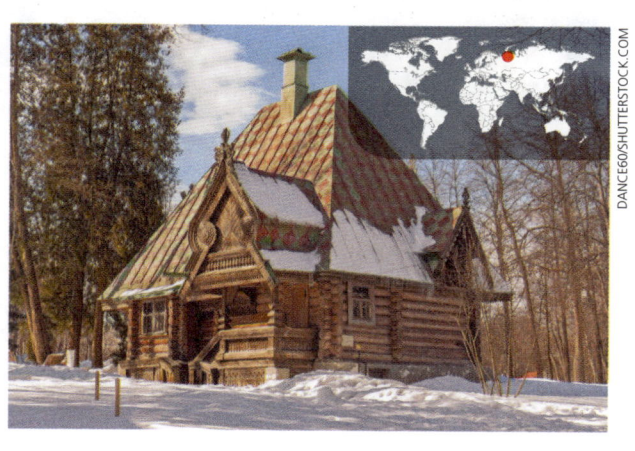

MANEIRAS DE SE ALIMENTAR

O LUGAR ONDE VIVEMOS E AS CONDIÇÕES PARA A CRIAÇÃO DE ANIMAIS E O CULTIVO DE ALIMENTOS TAMBÉM DIFERENCIAM NOSSA ALIMENTAÇÃO.

MUITOS BRASILEIROS CONSOMEM CARNE BOVINA. ENTRETANTO, NA ÍNDIA, UM PAÍS BEM DISTANTE DO BRASIL, MUITAS PESSOAS NÃO COMEM CARNE BOVINA PORQUE, PARA ELAS, A VACA É UM ANIMAL SAGRADO.

NAS REGIÕES LITORÂNEAS E TAMBÉM NAQUELAS ONDE HÁ MUITOS RIOS, O PEIXE É INGREDIENTE EM MUITAS RECEITAS.

EM UM PAÍS TÃO GRANDE COMO O BRASIL, É COMUM QUE DETERMINADOS FRUTOS OU SEMENTES SEJAM PARTE DA ALIMENTAÇÃO DE MORADORES DE UMA REGIÃO, MAS SEJAM DESCONHECIDOS DOS HABITANTES DE OUTRAS REGIÕES. OBSERVE ALGUNS EXEMPLOS.

▶ VACA SENDO CULTUADA. RAJASTÃO, ÍNDIA, 2014.

▶ PRATO DE TAMBAQUI (PEIXE). SANTARÉM, PARÁ, 2017.

▶ ARROZ COM PEQUI, PRATO TÍPICO DO CENTRO-OESTE. PIRENÓPOLIS, GOIÁS, 2016.

▶ ENTREVERO DE PINHÃO, COMIDA TRADICIONAL NO SUL DO BRASIL. PORTO ALEGRE, RIO GRANDE DO SUL, 2017.

UM POUCO MAIS SOBRE

RESPEITO À DIVERSIDADE

COMO VOCÊ PÔDE VER, AS PESSOAS ADOTAM COSTUMES DIFERENTES EM CADA LOCAL. AS DIFERENÇAS ENTRE AS PESSOAS QUE VIVEM NO PLANETA VÃO MUITO ALÉM DA MORADIA E DA ALIMENTAÇÃO. INFELIZMENTE, NEM TODOS RESPEITAM A DIVERSIDADE DAS CARACTERÍSTICAS HUMANAS E CULTURAIS DOS POVOS.

MALALA YOUSAFZAI QUASE PERDEU A VIDA POR QUERER FREQUENTAR A ESCOLA. ELA NASCEU NO PAQUISTÃO, NUMA REGIÃO DO PAÍS CONTROLADA POR UM GRUPO CHAMADO TALIBÃ, QUE DETERMINOU QUE SOMENTE OS MENINOS PODERIAM ESTUDAR. MAS MALALA DECIDIU LUTAR PELOS DIREITOS DAS MENINAS À EDUCAÇÃO E, MESMO TENDO SIDO ATACADA GRAVEMENTE, CONTINUA A DEFENDER ESSES DIREITOS.

▶ MALALA YOUSAFZAI (CENTRO). NOVA YORK, ESTADOS UNIDOS, 2015.

MENINAS E MENINOS TÊM ALGUMAS CARACTERÍSTICAS IGUAIS E OUTRAS DISTINTAS, MAS NENHUMA DELAS É MOTIVO PARA SEREM TRATADOS DE FORMA DIFERENTE.

1 COM 15 ANOS, MESMO SENDO MUITO JOVEM, MALALA FOI CAPAZ DE LUTAR POR ALGO EM QUE ACREDITAVA: UM MUNDO MELHOR PARA TODOS, COM DIREITOS DAS MULHERES RESPEITADOS. E VOCÊ, O QUE GOSTARIA DE MELHORAR NO MUNDO EM RELAÇÃO AO RESPEITO À DIVERSIDADE? REÚNAM-SE EM GRUPO, ELABOREM UMA PROPOSTA E APRESENTEM-NA ORALMENTE AOS DEMAIS COLEGAS.

ATIVIDADES

1 OS POVOS INDÍGENAS TÊM DIFERENTES TIPOS DE MORADIA, DE ACORDO COM O GRUPO AO QUAL PERTENCEM. ELAS REFLETEM OS COSTUMES DE CADA POVO. OBSERVE E COMPARE AS FOTOGRAFIAS A SEGUIR. QUE DIFERENÇAS VOCÊ OBSERVA ENTRE AS MORADIAS?

▶ MORADIA EM ALDEIA DO POVO WAUJA (OU WAURÁ). PARQUE INDÍGENA DO XINGU, MATO GROSSO, 2015.

▶ MORADIA EM ALDEIA DO POVO KAYAPÓ. SÃO FÉLIX DO XINGU, PARÁ, 2016.

2 QUE SEMELHANÇAS VOCÊ OBSERVA ENTRE AS MORADIAS APRESENTADAS NA ATIVIDADE 1?

3 OBSERVE OS ALIMENTOS A SEGUIR. QUAIS DELES VOCÊ JÁ COMEU OU FAZ PARTE DA CULINÁRIA DE SUA REGIÃO?

A ▶ AÇAÍ E TAPIOCA. MANAUS, AMAZONAS.

B ▶ ACARAJÉ. SALVADOR, BAHIA.

C ▶ PÃES DE QUEIJO. BOTELHOS, MINAS GERAIS.

4 ALGUNS POVOS, DE ACORDO COM SEUS COSTUMES, MUDAM CONSTANTEMENTE O LUGAR DE MORADIA. ESSES POVOS SÃO CHAMADOS DE **NÔMADES**. SUAS MORADIAS DEVEM POSSIBILITAR QUE SEJAM FACILMENTE TRANSPORTADAS E REERGUIDAS. QUAL DAS FOTOGRAFIAS REPRESENTA ESSE TIPO DE MORADIA?

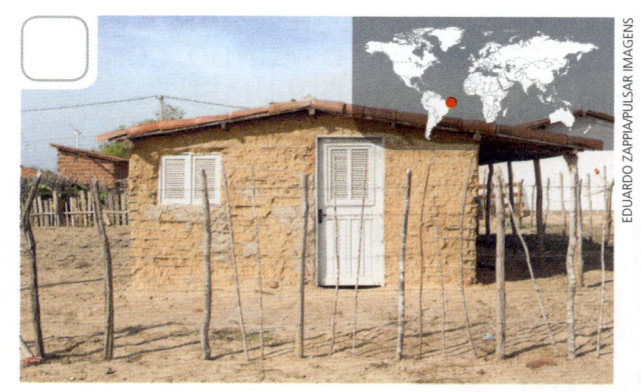

▶ JOÃO CÂMARA, RIO GRANDE DO NORTE, 2015.

▶ PAMIR, TADJIQUISTÃO, 2015.

5 LIGUE CADA MORADOR À PRÓPRIA MORADIA.

COMO EU VEJO

DIREITOS DE TODAS AS CRIANÇAS

A CONVENÇÃO SOBRE OS DIREITOS DA CRIANÇA FOI ASSINADA EM 1989 POR VÁRIOS PAÍSES QUE SE COMPROMETERAM A PROTEGER AS CRIANÇAS E OS ADOLESCENTES DE TODO O MUNDO. CONHEÇA ALGUNS DIREITOS ASSEGURADOS POR ESSE DOCUMENTO.

SAÚDE E SERVIÇOS MÉDICOS

A CRIANÇA TEM DIREITO A DESFRUTAR DO MELHOR ESTADO DE SAÚDE POSSÍVEL E A RECEBER SERVIÇOS E ATENDIMENTO MÉDICO EFICAZES. DEVE-SE DAR ESPECIAL ATENÇÃO AOS CUIDADOS BÁSICOS DE SAÚDE, ÀS MEDIDAS DE PREVENÇÃO DE DOENÇAS E DE ACIDENTES E AO TRATAMENTO E RECUPERAÇÃO DA SAÚDE.

LAZER, ATIVIDADES RECREATIVAS E CULTURAIS

A CRIANÇA TEM DIREITO AO REPOUSO, AO LAZER, A ATIVIDADES RECREATIVAS E A PARTICIPAR DE ATIVIDADES CULTURAIS E ARTÍSTICAS.

EDUCAÇÃO

A CRIANÇA TEM DIREITO À EDUCAÇÃO: O ENSINO FUNDAMENTAL DEVE SER OBRIGATÓRIO E GRATUITO E TODOS DEVEM TER ACESSO AO ENSINO MÉDIO. A DISCIPLINA ESCOLAR DEVE RESPEITAR OS DIREITOS E A DIGNIDADE DA CRIANÇA.

CRIANÇAS DE MINORIAS OU DE POPULAÇÕES INDÍGENAS

A CRIANÇA INDÍGENA OU QUE PERTENÇA A UMA MINORIA ÉTNICA TEM O DIREITO DE MANTER SUA CULTURA, PRATICAR SUA RELIGIÃO E UTILIZAR O PRÓPRIO IDIOMA.

CRISTIANE VIANA

CRIANÇAS REFUGIADAS

À CRIANÇA REFUGIADA DEVE SER DADA PROTEÇÃO ESPECIAL OU ORIENTAÇÃO PARA QUE PROCURE OBTER O ESTATUTO DE REFUGIADA.

CRIANÇAS COM DEFICIÊNCIA

A CRIANÇA COM DEFICIÊNCIA TEM DIREITO A CUIDADOS ESPECIAIS, EDUCAÇÃO E FORMAÇÃO ADEQUADAS PARA QUE TENHA UMA VIDA PLENA E DIGNA E ALCANCE O MAIOR GRAU DE DESENVOLVIMENTO POSSÍVEL.

OPINIÃO DA CRIANÇA

A CRIANÇA DEVE SER OUVIDA, SUA OPINIÃO E SEUS ANSEIOS DEVEM SER CONSIDERADOS EM TODOS OS ASSUNTOS QUE SE RELACIONEM COM SEUS DIREITOS.

NÃO DISCRIMINAÇÃO

TODAS AS CRIANÇAS TÊM O DIREITO DE DESENVOLVER-SE SEM SOFRER DISCRIMINAÇÃO ALGUMA, INDEPENDENTEMENTE DE RAÇA, COR, SEXO, LÍNGUA, RELIGIÃO, ORIGEM NACIONAL, ÉTNICA OU SOCIAL, RENDA, NASCIMENTO OU QUALQUER OUTRA SITUAÇÃO.

1. POR QUE É IMPORTANTE A CRIANÇA TER DIREITOS?
2. DOS DIREITOS LISTADOS, QUAL VOCÊ ACHA QUE É O MAIS IMPORTANTE? POR QUÊ?
3. ALÉM DESSES DIREITOS, QUE OUTROS VOCÊ ACHA QUE DEVEM SER ASSEGURADOS ÀS CRIANÇAS?

Fontes: Unicef. *Direitos da Criança*. Disponível em: <www.unicef.pt/actualidade/publicacoes/0-a-convencao-sobre-os-direitos-da-crianca/>; Unicef. *Convenção sobre os Direitos da Criança*. Disponível em: <www.unicef.pt/media/1206/0-convencao_direitos_crianca2004.pdf>. Acessos em: abr. 2019.

COMO EU TRANSFORMO

DIREITOS: TODA CRIANÇA TEM

ARTE HISTÓRIA LÍNGUA PORTUGUESA

O QUE VAMOS FAZER?

UMA PEÇA DE TEATRO PARA FALAR SOBRE OS DIREITOS DAS CRIANÇAS.

PARA QUE FAZER?

PARA CONHECER OS DIREITOS DAS CRIANÇAS E CONSCIENTIZAR AS PESSOAS SOBRE A IMPORTÂNCIA DOS DIREITOS INSTITUÍDOS POR LEI.

COM QUEM FAZER?

COM OS COLEGAS E O PROFESSOR.

COMO FAZER?

1. CONVERSE COM SEUS COLEGAS E SEU PROFESSOR A RESPEITO DOS OITO DIREITOS APRESENTADOS NA SEÇÃO **COMO EU VEJO**.

2. REÚNA-SE COM TRÊS COLEGAS E, JUNTOS, VERIFIQUEM O DIREITO QUE FOI SORTEADO PARA SEU GRUPO.

3. COM A AJUDA DO PROFESSOR, ELABOREM UMA PEQUENA CENA QUE ILUSTRE O DIREITO SORTEADO. DECIDAM QUEM REPRESENTARÁ CADA PAPEL E AS TAREFAS NECESSÁRIAS PARA A REALIZAÇÃO DA ENCENAÇÃO.

4. AJUDE SEU PROFESSOR A FAZER UM BILHETE PARA OS CONVIDADOS E, NO DIA COMBINADO, CUIDE DA PARTE QUE FICOU SOB SUA RESPONSABILIDADE.

ICONIC BESTIARY/SHUTTERSTOCK.COM

VOCÊ GOSTOU DE REALIZAR ESTA ATIVIDADE? POR QUÊ?

HORA DA LEITURA

EU E O OUTRO

A SEGUIR, LEIA O TEXTO SOBRE O MODO DE VIVER DOS POVOS INDÍGENAS.

COISAS DE ÍNDIO

[...] NÃO É PRECISO IR LONGE PARA SE NOTAR O QUANTO O SER HUMANO É DIFERENTE, MAS ÀS VEZES É PRECISO CONHECER AS DIFERENTES FORMAS DE VIVER NO MUNDO PARA ACABARMOS COMPREENDENDO A IMPORTÂNCIA DE SE RESPEITAR NOSSO SEMELHANTE. SÓ RESPEITA O OUTRO QUEM CONHECE O OUTRO.

POR MUITO TEMPO – E AINDA HOJE É ASSIM – OS POVOS INDÍGENAS FORAM MAL COMPREENDIDOS PELAS PESSOAS, SIMPLESMENTE PORQUE ELES TINHAM UM JEITO PRÓPRIO DE VIVER: NÃO COMPRAVAM AS COISAS NOS SUPERMERCADOS, NÃO TINHAM QUE IR PARA LOCAIS DE TRABALHO DEFINIDOS, NÃO PRECISAVAM COMPRAR UMA PORÇÃO DE COISAS, VIVENDO APENAS COM O NECESSÁRIO PARA O DIA A DIA, E NÃO VIVIAM NA TERRA, NO CHÃO, COMO SE FOSSEM DONOS DE TUDO. [...]

DANIEL MUNDURUKU. *COISAS DE ÍNDIO – VERSÃO INFANTIL*. SÃO PAULO: CALLIS, 2005, P. 7-8.

1 NO TEXTO, O AUTOR DIZ QUE "SÓ RESPEITA O OUTRO QUEM CONHECE O OUTRO". O QUE VOCÊ ENTENDEU DESSA FRASE? CONVERSE COM OS COLEGAS A RESPEITO DISSO.

2 VOCÊ CONHECE ALGUM INDÍGENA? QUAIS HÁBITOS E COSTUMES DESSA PESSOA SÃO DIFERENTES DOS SEUS?

REVENDO O QUE APRENDI

1 ESCREVA A PRIMEIRA LETRA DE CADA UMA DAS FIGURAS A SEGUIR E DESCUBRA UM PROFISSIONAL QUE PODE TRABALHAR TANTO DURANTE O DIA QUANTO DURANTE A NOITE.

_____

_____   _____

2 OBSERVE AS ATIVIDADES A SEGUIR E ANOTE EMBAIXO DAS IMAGENS O PERÍODO, AO LONGO DO DIA, EM QUE VOCÊ COSTUMA FAZER ESSAS ATIVIDADES.

_____   _____   _____   _____

OBSERVE AS IMAGENS ABAIXO. ELAS MOSTRAM DIFERENTES FORMAS DE UTILIZAR O FEIJÃO NO PREPARO DOS ALIMENTOS. DEPOIS, CONVERSE COM OS COLEGAS E RESPONDA ÀS QUESTÕES 3 E 4.

▶ TUTU DE FEIJÃO NO PRATO VIRADO À PAULISTA, TÍPICO DA CIDADE DE SÃO PAULO.

▶ MANJU, BOLINHO DOCE JAPONÊS FEITO COM PASTA DE FEIJÃO VERMELHO.

▶ FEIJÃO TROPEIRO, PRATO DO INTERIOR DOS ESTADOS DE GOIÁS E MINAS GERAIS.

▶ DOBRADINHA COM FEIJÃO-BRANCO, PRATO MUITO CONSUMIDO NO NORDESTE DO BRASIL.

3 VOCÊ GOSTA DE FEIJÃO? ELE É PREPARADO EM SUA CASA? DE QUE FORMA?

4 POR QUE EXISTEM DIFERENÇAS NAS FORMAS DE PREPARO DO FEIJÃO?

NESTA UNIDADE VIMOS

- AS PESSOAS FAZEM DIFERENTES ATIVIDADES NO PERÍODO DO DIA E DA NOITE.

  ▶ A MANEIRA DE ORGANIZAR A ROTINA MUDA CONFORME O DIA E A NOITE, COMO VIMOS NA PÁGINA 9.

- O MODO DE VIVER NOS DIFERENTES LUGARES DEPENDE DO LOCAL, DOS HÁBITOS E DA CULTURA DO POVO QUE NELES HABITAM.

  ▶ AS MORADIAS VARIAM DE ACORDO COM O LOCAL DE CONSTRUÇÃO E A CULTURA DOS MORADORES, COMO VOCÊ VIU NA PÁGINA 15.

- A DIVERSIDADE HUMANA DEVE SER RESPEITADA INTEGRALMENTE, POIS TODOS TEMOS OS MESMOS DIREITOS.

  ▶ É IMPORTANTE RESPEITAR A DIVERSIDADE E LUTAR POR UM MUNDO MELHOR, COMO VOCÊ ESTUDOU NA PÁGINA 17.

PARA FINALIZAR, RESPONDA:

▶ QUE ATIVIDADES SÃO GERALMENTE REALIZADAS DURANTE O DIA? E DURANTE A NOITE?

▶ QUE ELEMENTOS MARCAM AS DIFERENÇAS ENTRE AS PESSOAS DE LUGARES VARIADOS?

PARA IR MAIS LONGE

LIVROS

▶ **DIA E NOITE**, DE MARY FRANÇA E ELIARDO FRANÇA. SÃO PAULO: ÁTICA, 2008.

QUE DECISÃO DIFÍCIL! É MELHOR BRINCAR AO SOL OU SONHAR COM AS ESTRELAS?

▶ **UM MUNDO DE CRIANÇAS**, DE ANA BUSCH E CAIO VILELA. SÃO PAULO: PANDA BOOKS, 2007.

UMA VIAGEM FASCINANTE COM CRIANÇAS DE VÁRIAS PARTES DO MUNDO.

▶ **A LENDA DA VITÓRIA-RÉGIA**, DE TEREZINHA EBOLI. SÃO PAULO: EDITORA UNIVERSO DOS LIVROS, 2005.

A OBRA INTEGRA A COLEÇÃO LENDAS BRASILEIRAS, QUE RECONTA, EM LINGUAGEM ATUAL, LENDAS E MITOS DOS POVOS QUE FORMARAM O BRASIL.

▶ **UM DIA DESSES...**, DE ANA MARIA MACHADO. 5. ED. SÃO PAULO: ÁTICA, 2013.

JOÃO SEMPRE PERGUNTAVA À SUA MÃE O QUE ERA UMA SEMANA. ELE SÓ ENTENDEU MESMO QUANDO COMEÇOU A IR À ESCOLA E FREQUENTÁ-LA DE SEGUNDA A SEXTA-FEIRA.

FILMES

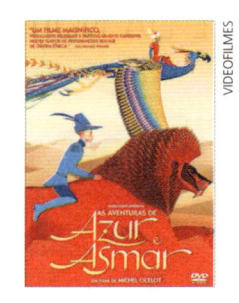

▶ **AS AVENTURAS DE AZUR E ASMAR**. DIREÇÃO DE MICHAEL OCELOT. FRANÇA: VIDEOFILMES, 2006, 99 MIN.

O FILME CONTA A HISTÓRIA DE DUAS CRIANÇAS, AZUR E ASMAR, DE ORIGENS DIFERENTES, MAS CRIADOS COMO IRMÃOS. DOIS POVOS, DUAS CULTURAS E UM CONTO DE FADAS EM QUE A REALIZAÇÃO DE UM SONHO PODE SUPERAR AS FRONTEIRAS DA DISCRIMINAÇÃO ÉTNICA, SOCIAL OU CULTURAL.

SITE

▶ **IMAGENS DOS POVOS INDÍGENAS NO BRASIL:** <HTTP://IMG.SOCIOAMBIENTAL.ORG/V/PUBLICO>.

ESSA GALERIA DISPONIBILIZA FOTOGRAFIAS DE DIVERSOS POVOS INDÍGENAS DO TERRITÓRIO BRASILEIRO.

UNIDADE 2
A escola e seus caminhos

- Observe a imagem. Você consegue identificar nela lugares em que as pessoas moram ou estudam?
- Que outros lugares aparecem na imagem?
- Há na imagem lugares semelhantes àqueles em que você vive ou os quais frequenta?

CAPÍTULO 1

Lugar de aprender

A nossa escola

Destaque a página 139, recorte as peças e cole-as no espaço a seguir, montando o quebra-cabeças.

1 Que tipo de atividade as crianças estão realizando?

2 Você gosta de fazer atividades assim? Por quê?

3 Qual é a importância dessa atividade?

As diferentes escolas

A educação é um direito de todos. A escola é onde convivemos com pessoas que não são de nossa família e aprendemos muitas coisas. Todas as crianças devem frequentá-la.

Nem todas as escolas são iguais. Há escolas diferentes, por exemplo, das que existem nas cidades. Conheça algumas delas.

- **Escola indígena:** nas aldeias indígenas, além de estudar os temas comuns às disciplinas de todas as escolas, os alunos aprendem assuntos ligados à cultura de seu povo, como a língua e as tradições indígenas.
- **Escola rural:** nesse tipo de escola é comum haver turmas com alunos de várias idades e um único professor. Além disso, para adequar-se às atividades do campo, as férias escolares podem ocorrer em período diferente do das escolas urbanas.
- **Escola quilombola:** vivendo em comunidades, alguns descendentes de africanos escravizados dedicam-se a atividades como o plantio. Nas escolas quilombolas, os alunos aprendem também a história e a cultura de seu povo.
- **Escola flutuante:** em Bangladesh, durante alguns períodos do ano, chove muito e ocorrem alagamentos. Por isso, barcos foram transformados em escolas e, assim, os alunos não param de estudar.

▶ Crianças da etnia guarani em escola indígena na aldeia Tekoá Porã. Salto do Jacuí, Rio Grande do Sul, 2015.

▶ Escola quilombola. Araruama, Rio de Janeiro, 2015.

▶ Escola flutuante. Bangladesh, 2010.

Referenciais de localização

Quando estão na sala de aula, os alunos utilizam mesas e cadeiras (carteiras). A disposição desse mobiliário no espaço pode variar: às vezes as carteiras estão enfileiradas, outras vezes em círculo, e também podem estar agrupadas.

Para nos localizarmos no espaço precisamos de um ponto de referência. Observe a imagem abaixo. Carol é a menina ruiva sentada de costas para você. Há um aluno, de mochila verde, **à esquerda** dela e outro colega sentado **à direita**. **Atrás** da professora, um aluno está entrando na sala. **Embaixo** de uma carteira é possível ver uma bola de basquete, e o globo está **em cima** do armário. Todos estão **dentro** da escola e, pela janela, nota-se que está sol lá **fora**.

Maneiras de observar

Observe novamente a ilustração da página anterior. Nela podemos notar vários objetos da sala de aula. Os objetos podem ser desenhados ou fotografados de diferentes pontos de vista. Observe nas imagens a seguir que o objeto é o mesmo; o que mudou foi a posição da qual ele foi observado.

▶ Do alto e de lado.

▶ De frente.

▶ De cima para baixo.

Atividades

1. Observe sua sala de aula e, com o auxílio do professor, responda:

   a) Como as carteiras estão organizadas?

   _____

   b) No momento, o que está em cima de sua carteira?

   _____

   c) O que há dentro de sua mochila?

   _____

2. Observe a imagem a seguir e depois converse com os colegas e o professor: Por que você acha que os alunos estudam assim: ao ar livre, sem carteira como apoio para escrever?

   ▶ Escola a céu aberto em Al-Eizariya, Palestina, 2016.

3. Quais são as semelhanças e as diferenças entre sua sala de aula e a sala de aula da escola mostrada na fotografia da atividade 2?

4. Vá até a página 135 do **Caderno de cartografia**. Ali escreva o nome dos colegas que estão posicionados à frente, atrás, à esquerda e à direita de sua carteira.

Observando a escola

A escola também pode ser observada de diferentes pontos de vista.

- Em uma visão oblíqua, isto é, quando fotografada do alto e de lado. Para isso, a pessoa que obtém a imagem se posiciona um pouco acima da construção.

▶ Colégio Jesus Maria José. São Miguel do Oeste, Santa Catarina, 2015.

- Em uma visão vertical, quando fotografada do alto e exatamente de cima para baixo. Para essa imagem é necessária uma fotografia aérea ou de satélite.

▶ Colégio Jesus Maria José. São Miguel do Oeste, Santa Catarina, 2017.

35

Cartografar

1 Agora é hora de fazer a **maquete** de sua sala de aula!

Maquete da sala de aula

Material:
- caixa de papelão;
- material de sucata (caixas de fósforos de tamanhos diversos, tampinhas de garrafas etc.);
- cola;
- tesoura com pontas arredondadas.

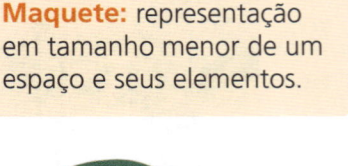

> **Glossário**
>
> **Maquete:** representação em tamanho menor de um espaço e seus elementos.

Modo de fazer

1. Liste os elementos da sala de aula e escolha a sucata que representará cada um deles. Por exemplo: carteiras dos alunos – caixinhas de fósforos; mesa do professor –, caixa de fósforos maior; cadeiras – tampinhas etc.
2. Use a caixa de papelão como base da maquete e distribua os elementos na posição em que eles estão organizados na realidade.
3. Cole os elementos de sucata na maquete.
4. Localize sua carteira na maquete e marque-a com um **x**.

Agora, responda às questões.

a) Você senta-se perto ou longe da porta?

b) O que ou quem está à sua frente na sala de aula? E atrás de você?

c) O que ou quem está do seu lado direito na sala de aula? E do seu lado esquerdo?

d) Que ambientes da escola são vizinhos à sua sala de aula?

Atividades

1. Os objetos podem ser observados de frente ou de cima para baixo.

   a) Circule os objetos vistos de cima.

   b) Marque um **X** nos objetos vistos de frente.

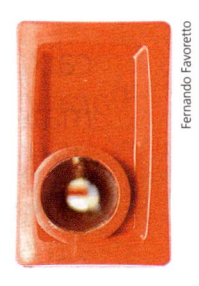

2. Em uma folha, desenhe com visão vertical (de cima para baixo) dois objetos de sua mochila. Compare seus desenhos com os dos colegas e depois exponham o trabalho de vocês no mural da sala ou no lugar em que o professor indicar.

3. O lápis é um material escolar e sempre deve estar na mochila. Traga para a escola apenas materiais que serão usados em suas atividades. Circule somente aqueles que utiliza na sala de aula.

37

CAPÍTULO 2

O caminho para a escola

Descobrindo o caminho

Para ir de um lugar a outro, percorremos caminhos. Cubra o tracejado e descubra o caminho que o menino percorre de sua casa até a escola. Depois, pinte a imagem.

1. Que construções o menino pode ver no trajeto que faz de casa até a escola?

2. Que elementos você observa no trajeto que faz de casa até a escola?

Seguindo caminhos

Para ir à escola, fazemos um caminho. Saindo de nossa moradia, podemos passar por ruas com comércio, outras casas, bancos, praças, jardins, entre outros lugares e construções. Em algumas ruas podemos virar à direita ou à esquerda. Observe o exemplo abaixo, ele mostra o trajeto que Manoel faz de casa até a escola.

- Esta é a casa de Manoel.
- Esta é a escola em que Manoel estuda.

▶ Casa de Manoel. Garça, São Paulo, 2017.

▶ Escola Municipal de Ensino Fundamental. Garça, São Paulo, 2016.

- Esse é o caminho que Manoel percorre para ir de casa até a escola. Ele leva 10 minutos para fazer esse trajeto a pé.

▶ Caminho da moradia de Manoel até a escola. Garça, São Paulo, 2017.

Cartografar

Uma forma de representar os caminhos que percorremos é desenhando um mapa mental. Nele é preciso inserir os pontos de partida e chegada, além de referenciais importantes. Observe, abaixo, o mapa mental feito com base no caminho que Manoel percorreu até a escola, mostrado no mapa anterior.

1. Que elementos você observou como pontos de referência nesse mapa mental?

2. Lembre-se do caminho da sua casa até a escola e anote no caderno o nome das ruas que você percorre.

3. Anote também alguns pontos de referência importantes.

4. Agora, em uma folha avulsa, faça um mapa mental do caminho que você percorre de casa até a escola, colocando nele os elementos que citou na questão anterior. Mostre o desenho aos colegas, ensinando o caminho até sua casa. Depois o professor exporá todos os mapas mentais no mural da sala de aula.

Um pouco mais sobre

Rios também são caminhos

Em alguns lugares as pessoas utilizam os rios como caminhos. Às vezes, para ligar um lado a outro de um rio, são construídos caminhos de madeira.

Leia os versos que exemplificam uma dessas situações.

▶ Caminho de madeira sobre o Rio Amazonas. Urucurituba, Amazonas, 2015.

Nos caminhos desse rio
Muita história pra contar
Navegar nessa canoa
É ter um mundo pra se entranhar

Raízes Caboclas. *Caminhos de Rio*. Disponível em: <www.vagalume.com.br/raizes-caboclas/caminhos-de-rio.html>. Acesso em: abr. 2019.

1 Ligue os pontos da imagem acima e forme a figura que mostra o meio de transporte utilizado nos caminhos pelos rios. Depois, pinte o desenho.

#Digital

De casa para a escola

Todos os dias, ao redor do mundo, muitas crianças se deslocam de casa até a escola onde estudam.

Algumas crianças precisam acordar bem cedinho para chegar até lá, pois o caminho é longo. Outras, moram bem pertinho da escola.

1 Utilize um programa ou aplicativo de localização geográfica para criar uma rota entre sua casa e a escola, a mesma que você desenhou em seu mapa mental.

Agora responda: Você mora perto ou longe da escola?

☐ Perto.   ☐ Longe.

2 De qual ponto de vista o programa digital ou o aplicativo de *smartphone* usado por você mostra o caminho a ser percorrido de sua casa até a escola?

_____

3 Após percorrer a rota criada pelo programa digital ou pelo aplicativo, observe com o professor e os colegas os elementos que estão mais próximos e mais distantes da escola. O que existe ao lado, na frente e atrás da escola?

Atividades

1 Relembre o percurso de sua casa até a escola e pinte os elementos que você encontra no caminho.

- calçada
- telefone público
- posto de gasolina
- árvores
- semáforo
- faixa de pedestre
- lojas
- plantação
- praça

2 Existem pessoas com dificuldades de locomoção, como as que utilizam cadeiras de roda ou as que têm deficiência visual. Elas precisam de elementos construídos nos caminhos para que possam percorrer diferentes trajetos. Observe duas adaptações feitas nas ruas para atender às necessidades dessas pessoas.

▶ Acesso para pessoas em cadeiras de rodas. Manaus, Amazonas, 2015.

▶ Calçada com piso tátil. Itaporã, Mato Grosso do Sul, 2017.

◆ No trajeto que você faz de casa para a escola encontra essas adaptações?

_____

3 Qual é a importância da guia rebaixada para o cadeirante?

_____

4 Qual é a importância do piso tátil para o deficiente visual?

_____

43

5. As fotografias a seguir mostram dificuldades em transitar enfrentadas por pessoas que têm algum tipo de deficiência motora ou visual. Que dificuldades são essas?

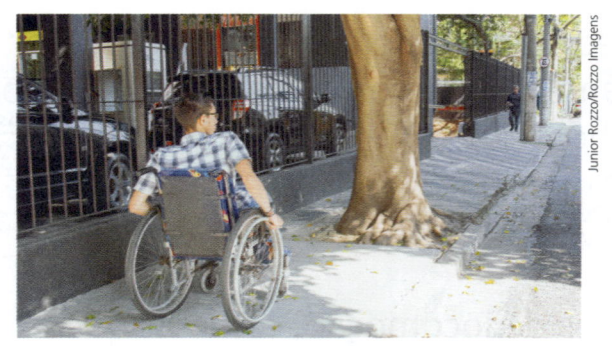

▶ São Paulo, São Paulo, 2016.

▶ Santa Maria, Rio Grande do Sul, 2017.

6. Preste atenção, novamente, ao trajeto que você faz de casa para a escola e observe situações que possam dificultar a locomoção de pessoas com algum tipo de deficiência. Registre no caderno as situações que encontrou.

7. Luca, personagem do escritor Mauricio de Sousa, usa cadeira de rodas. Ajude-o a chegar até a escola.

VAMOS AJUDAR O LUCA A CHEGAR À ESCOLA?

GEOGRAFIA em ação

Quem limpa os caminhos?

André é coletor de lixo e, em seu trabalho, ele cuida das ruas por onde muitas pessoas passam diariamente. Vamos ler esta entrevista para aprender um pouco sobre o trabalho dele.

Explique a importância de trabalhar para o bem público.

A importância é manter a cidade limpa, removendo material considerado lixo. Assim, a população tem melhor qualidade de vida.

Que dificuldades você encontra ao fazer seu trabalho?

Acredito que a maior dificuldade ainda seja a educação do cidadão, pois muitos não respeitam as normas da empresa de limpeza urbana. Por exemplo, não observam o horário da coleta e não fazem o acondicionamento correto do material descartado.

Todos os dias você percorre o mesmo caminho em seu trabalho?

Sim, sempre que saio no caminhão de coleta ele segue o mesmo trajeto.

Que equipamento você utiliza em seu serviço?

Uniforme completo: calça, camisa, chapéu, bota, luva e protetor solar em dias de sol.

Os equipamentos são pá, vassoura e, claro, o caminhão de coleta.

De que forma as pessoas podem colaborar para a realização do seu trabalho?

Todas as pessoas podem colaborar descartando seu lixo de forma correta, dentro do horário previsto, e não o colocando na rua aleatoriamente.

André Fernandes da Silva Apparício é coletor de lixo na cidade do Rio de Janeiro.

Revendo o que aprendi

Observe a maquete de sala de aula feita por um aluno e, depois, responda as questões de 1 a 6.

1 Quantas carteiras há na sala de aula?

_____

2 Como as carteiras estão organizadas?

_____

3 Que material foi usado para representar as carteiras dos alunos?

_____

4 O que fica na frente das carteiras dos alunos?

_____

5 O que fica à direita das carteiras dos alunos?

_____

6 Qual tipo de organização de sala de aula você considera melhor? Por quê?

_____

7 Leia o texto a seguir. Ele fala dos caminhos das crianças até a escola. Depois, escolha um dos caminhos e desenhe um mapa mental para ilustrar como você imagina o trajeto.

[...]
A Natália e a Lurdinha
vão chegar de **voadeira**.
Descem pelo **Araguaia**,
costeando a ilha inteira. [...]

[...] Ilze vem pelo pomar
pelo pasto vai passando
Passa boi, passa riacho
de charrete vem chegando [...]

Fabia Terni. *A caminho da escola*.
São Paulo: Studio Nobel, 1997. p. 6-7 e 20.

Glossário

Voadeira: lancha com motor que desenvolve uma velocidade bem alta.

Araguaia: rio que banha os estados de Goiás, Mato Grosso, Tocantins e Pará.

Nesta unidade vimos

- A escola é o lugar aonde vamos para aprender muitas coisas. Existem diferentes escolas e diferentes formas de organizar o espaço da sala de aula.

▶ A educação é um direito de todos, como você viu na página 31.

- Podemos nos localizar usando referenciais espaciais como: em cima, embaixo, direita, esquerda, dentro, fora, frente e trás. Há também diversas formas de observar espaços e objetos.

▶ Uma das maneiras de observar uma porção do espaço é vê-la de cima para baixo, como mostrado na página 35.

- Percorremos diferentes caminhos para chegar a vários lugares, como de casa até a escola. Uma forma de representar os caminhos é desenhando um mapa mental.

▶ Um mapa mental deve ter sempre os pontos de partida e chegada, como você estudou na página 40.

Para finalizar, responda:

- Qual é a importância da escola?
- Olhando sua escola numa visão frontal, que elementos existem à direita e à esquerda dela?
- O que você observa no caminho de casa até a escola?

Para ir mais longe

Livros

▶ **Um passeio pela escola**, de Cláudio Martins. São Paulo: Formato, 2003.

Um menino decide faltar à aula e espiar com uma luneta tudo o que acontece no ambiente escolar.

▶ **Tadeu Bartolomeu é novo na escola**, de David Mackintosh. São Paulo: Caramelo, 2013.

Tadeu é um garoto novo na escola. Muito organizado, é julgado pelos colegas. Em sua festa de aniversário, um dos amigos conhece um outro lado bem divertido dele.

▶ **A caminho da escola**, de Fabia Terni. São Paulo: Studio Nobel, 1997.

O livro mostra os meios de transporte utilizados por crianças de diferentes regiões brasileiras para chegar à escola. Além de apresentar os diversos caminhos do Brasil, o livro adverte o quanto é importante todos frequentarem a escola.

▶ **Ponto de vista**, de Sonia Salerno Forjaz. 2. ed. São Paulo: Moderna, 2014.

Grande, pequeno, alto, baixo. Direita, esquerda, acima, abaixo... Os versos desse livro brincam com o significado das palavras e criam comparações, mostrando que as aparências enganam e que tudo depende de você, de como considera aquilo que vê.

Filmes

▶ **A caminho da escola.** Direção de Pascal Plisson. França: 2013, 77 min.

Esse documentário narra a história real e extraordinária de quatro crianças: Jackson, o queniano; Carlito, o argentino; Zahira, a marroquina; Samuel, o indiano. Crianças que vivem distantes umas das outras e que nunca se encontraram, mas que têm um ponto em comum: eles precisam percorrer longas distâncias para chegar à escola.

Sites

▶ **Conheça escolas incríveis pelo mundo:** <https://educacao.uol.com.br/album/2015/03/20/conheca-escolas-incriveis-pelo-mundo.htm?foto=1>.

Nesse endereço, você conhecerá um pouco mais sobre escolas de todas as partes do mundo.

UNIDADE 3
Ligando os lugares

- Quais elementos da imagem podem ser usados para que as pessoas possam ir de um lugar a outro?
- Na imagem há alguma pessoa conversando com alguém que não aparece nela? Qual? Como ela está fazendo isso?

CAPÍTULO 1 — Ir e vir

Trânsito na escola

No trajeto de casa para a escola, você deve ver muitas pessoas caminhando (pedestres) e também muitos veículos. A essa movimentação damos o nome de "trânsito". É muito importante que o trânsito seja bem organizado. Pensando nisso, vamos fazer uma atividade no pátio da escola. Siga as orientações do professor.

1. Como foi a movimentação de pessoas e veículos no primeiro momento?

2. Como foi a movimentação de pessoas e veículos quando entraram em cena os sinais e o guarda de trânsito?

3. Que formas de comunicação o guarda utilizou para organizar o trânsito?

4. No lugar em que você mora, qual das duas situações representa melhor a movimentação de pessoas e veículos?

Tipos de ruas

Todos os dias, em nossos deslocamentos, percorremos caminhos entre os lugares. Esses caminhos podem ser diferentes.

- Algumas ruas são cobertas por pedras. Esse é um tipo de calçamento comum em ruas mais antigas.

▶ Lençóis, Bahia, 2016.

- Em algumas ruas, o asfalto recobre o chão para facilitar a circulação de veículos.

▶ Goiânia, Goiás, 2016.

- Algumas ruas não têm calçamento, são feitas apenas de terra batida.

▶ Conselheiro Pena, Minas Gerais, 2015.

- Há também caminhos percorridos somente por pessoas, chamados calçadões.

▶ Curitiba, Paraná, 2016.

Um pouco mais sobre

A rua é um espaço coletivo

As ruas são espaços de circulação de pessoas e veículos. Nelas pode haver elementos que fazem parte do patrimônio público, como cestos de lixo, postes com lâmpadas, pontos de ônibus, telefones públicos, árvores, bancos, placas de sinalização, entre outros. Esses bens pertencem a todas as pessoas e servem para uso de todos. Cuidar deles é dever de todos nós.

Além de ser um espaço de circulação, as ruas são espaços onde se desenvolvem atividades comerciais, recreativas ou culturais. Nesses espaços sempre existe interferência humana.

Observe nas fotografias duas formas de interferência nas ruas.

▶ Grafite em avenida na cidade de Florianópolis, Santa Catarina, 2014.

▶ Pichação em edifício. São Paulo, São Paulo, 2015.

1. Que diferenças você percebe entre elas?

2. Nos caminhos que você percorre, qual das duas formas de manifestação é mais comum: o grafite ou a pichação?

Meios de transporte

Você pode se deslocar de um lugar para o outro a pé ou utilizando um meio de transporte. **Automóveis**, **caminhões**, **bicicletas** e **ônibus** são exemplos de meios de transporte que circulam pelas ruas de uma cidade ou até mesmo pelas estradas e rodovias.

▶ Veículos e bicicleta trafegando. Rio de Janeiro, Rio de Janeiro, 2016.

▶ Ônibus em rua de Corumbaíba, Goiás, 2015.

Mas existem outros meios de transporte, cada qual de acordo com a via por onde circula.

Nas estradas de terra é comum pessoas se locomoverem sentadas no lombo de animais, usando **carroças** e até mesmo **tratores**.

▶ Pessoa se locomovendo em carroça. Petrolina, Pernambuco, 2016.

▶ Pessoa se locomovendo em trator. Londrina, Paraná, 2015.

Onde não há ruas nem estradas e os caminhos são rios, lagos ou mesmo o mar, as pessoas utilizam **canoas**, **barcos** e **navios** para se deslocar de um lugar a outro. Quando o transporte é aquático, como no caso dos barcos, é necessário que o piloto seja habilitado, o limite máximo de passageiros seja respeitado e haja coletes salva-vidas para todos, pois sempre há risco de naufrágio.

▶ Barco transportando pessoas pelo rio. Juazeiro, Bahia, 2016.

O deslocamento também pode ser feito em transporte ferroviário, por vias férreas. Os **trens** são capazes de transportar muitas pessoas e grande quantidade de produtos ou mercadorias.

▶ Trem transportando carga. Salgueiro, Pernambuco, 2015.

Em algumas cidades, o trem é utilizado para o transporte de pessoas, e, quando feito por vias subterrâneas, é chamado de **metrô**.

Ao utilizar trens e metrô, o passageiro deve ficar atento ao vão entre o trem e a plataforma. Assim como nos ônibus, o passageiro não deve ficar próximo às portas se não for desembarcar.

As pessoas também utilizam **aviões** ou **helicópteros** para se deslocar. Ao utilizar esse meio de transporte, é importante ouvir e cumprir todas as instruções dadas pela tripulação, como manter o cinto de segurança afivelado enquanto estiver sentado e não usar aparelhos eletrônicos no pouso e na decolagem.

▶ Metrô em São Paulo, São Paulo, 2015.

▶ Avião transportando passageiros. Cuiabá, Mato Grosso, 2016.

O meio de transporte deve atender às necessidades das pessoas e ser desenvolvido de acordo com as características do local. No Rio de Janeiro, por exemplo, várias pessoas que residem no Complexo do Alemão utilizam um **teleférico** para subir e descer o morro.

Independentemente do transporte utilizado, é preciso estar atento às regras de segurança. Ao usar um automóvel, por exemplo, todos os passageiros devem colocar o cinto de segurança. Crianças com menos de 10 anos devem ser transportadas no banco traseiro e, se tiverem até 7 anos e meio, devem ser acomodadas em equipamento adequado a seu tamanho.

Atividades

1 Complete o diagrama com o nome de alguns meios de transporte.

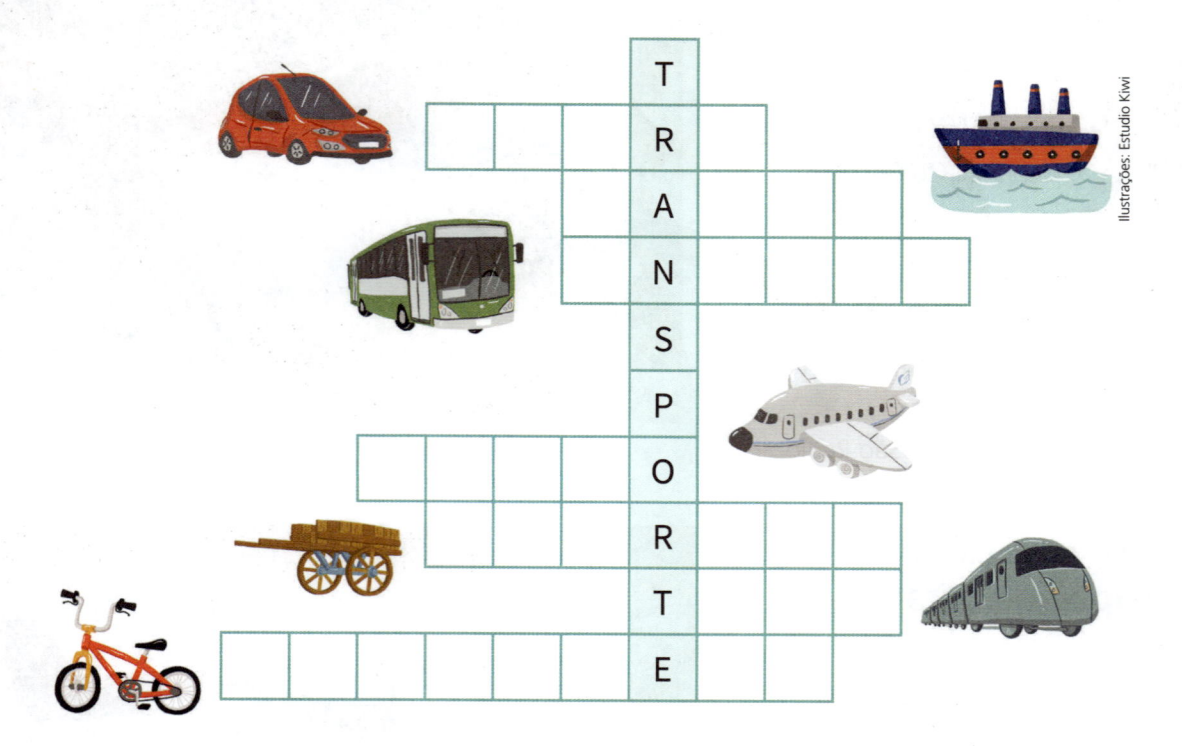

```
        T
        R
        A
        N
        S
        P
        O
        R
        T
        E
```

2 Destaque as páginas 141 e 143 da seção **Encartes**. Recorte os meios de transporte que estão na página 141 e cole-os em suas respectivas vias (página 143). Depois, exponha seu trabalho no mural da sala de aula.

3 Vamos montar a representação de um meio de transporte? Siga as indicações.

- Que meio de transporte você montou? Ele é terrestre, ferroviário, aquático ou aéreo?

_____

_____

4 Assinale as imagens que mostram os cuidados que devemos tomar ao utilizar os meios de transporte.

▶ Crianças em automóvel. São Paulo, São Paulo, 2013.

▶ Estação de metrô. Rio de Janeiro, Rio de Janeiro, 2014.

▶ Avenida em Porto Alegre, Rio Grande do Sul, 2016.

▶ Estação de trem. São Paulo, São Paulo, 2014.

5 Os automóveis são uma forma de transporte privado (ou particular), pois pertencem a uma pessoa ou empresa.

O transporte público – ou transporte coletivo – é chamado assim porque pode ser usado por qualquer pessoa que pague a passagem, e porque transporta várias pessoas ao mesmo tempo.

◆ Você utiliza com mais frequência o transporte individual ou o coletivo?

Problemas e soluções do trânsito

O transporte coletivo é o mais indicado para a população de uma cidade. Seu uso evita os congestionamentos e contribui para a diminuição da quantidade de fumaça emitida pelo escapamento dos automóveis, uma das origens da poluição do ar que respiramos.

A poluição do ar é causada por substâncias que o tornam impróprio ou nocivo à saúde. As substâncias poluentes podem provocar principalmente o surgimento e o agravamento de doenças respiratórias.

Para percorrer pequenas distâncias, sempre que possível, devemos utilizar meios não poluentes, como bicicletas. Elas também são ótimas para a saúde e ocupam muito menos espaço nas ruas que os automóveis.

Para garantir a segurança de todos que se locomovem nas cidades, o respeito é muito importante. De forma geral, a preferência é sempre do mais vulnerável, ou seja: bicicletas devem dar preferência ao pedestre, carros devem respeitar o espaço das bicicletas, e assim por diante.

A sinalização também é muito importante. Ela deve ser respeitada para garantir a segurança de todos.

▶ Trânsito congestionado. São Paulo, São Paulo, 2017.

▶ Ciclovia em Florianópolis, Santa Catarina, 2014.

Atividades

Muitos artistas retratam, em suas obras, cenas de trânsito nas cidades. Observe abaixo uma dessas obra e depois responda as questões de 1 a 3.

▶ Cristiano Sidoti. *Tarde de verão*, 2016. Óleo sobre tela, 110 cm × 190 cm.

1 Quem pintou esse quadro? Que nome o artista deu à obra?

_____

2 Como é o trânsito retratado nessa imagem?

_____

3 Que meios de transporte coletivos e individuais você observa na imagem?

_____

_____

4 No lugar em que você mora, como é o trânsito? É calmo ou movimentado? Há vias exclusivas para ônibus e ciclovias?

5 Quando vem para a escola, qual é seu papel no trânsito?

_____

CAPÍTULO 2
Para se comunicar

Brincar é se comunicar

Como é bom poder falar com os amigos, mesmo aqueles que não estão perto de nós. Observe na imagem uma forma de se comunicar.

1. Você sabe do que as crianças estão brincando?

2. Vamos fazer um brinquedo igual ao delas? Você vai precisar de dois potes de iogurte, barbante e da ajuda de um adulto para furar os potinhos de iogurte. Observe nas imagens como fazer.

3. Convide um amigo para conversar com você. Fique bem distante dele. Um de vocês deve falar usando o potinho como microfone, enquanto o outro usa o potinho como fone de ouvido.

Meios de comunicação

Por meio da fala, de gestos ou da escrita, as pessoas se comunicam. Quando nos comunicamos, transmitimos nossas ideias, sentimentos e informações.

Existem diferentes formas de se comunicar com outras pessoas.

- A linguagem de sinais é utilizada por pessoas com deficiência auditiva. Os sons são substituídos por gestos e sinais durante a comunicação.

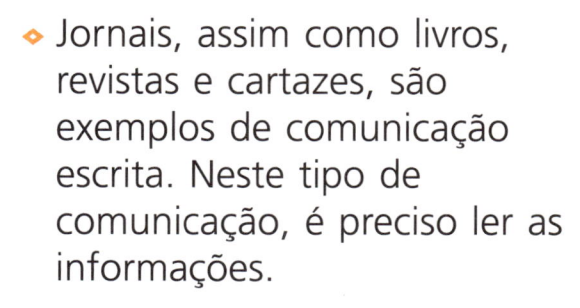

- Jornais, assim como livros, revistas e cartazes, são exemplos de comunicação escrita. Neste tipo de comunicação, é preciso ler as informações.

▶ Alunos conversando em Língua Brasileira de Sinais (Libras). Goiânia, Goiás, 2017.

▶ Idoso lê o jornal pela manhã. Rio de Janeiro, Rio de Janeiro, 2015.

- O telefone e o rádio são exemplos de meios de comunicação oral.

- A televisão e o cinema são exemplos de meios de comunicação oral e visual.

▶ Mulher descendente do povo indígena pankararu fala ao celular. São Paulo, São Paulo, 2014.

▶ Família assiste à televisão. Cabedelo, Paraíba, 2017.

Rede de comunicações

Um dos meios de comunicação mais usados atualmente é a internet. Por ser uma rede mundial de computadores, ela possibilita nossa interação em tempo real com o mundo todo. O acesso à internet muitas vezes ocorre por meio de dispositivos como *tablets* e *smartphones*. Infelizmente, mais da metade da população do Brasil ainda não tem acesso a essa forma de comunicação, mas esse número vem diminuindo ao longo dos anos.

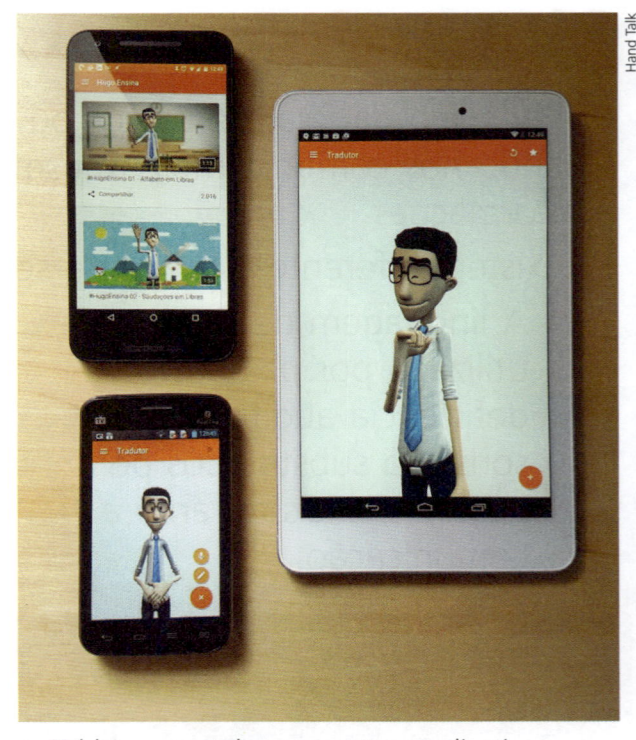

▶ *Tablet* e *smartphones* mostram aplicativo que ajuda a interpretar Libras.

É preciso tomar cuidado ao acessar a internet. Nela há muitas informações falsas ou mentirosas, por isso é importante navegar em *sites* de confiança. Algumas dicas de segurança são:

- Ao conversar com alguém, nunca dê informações pessoais. Você não sabe, com certeza, com quem está falando. Pode ser até mesmo alguém se passando por outra pessoa.
- Cuidado com as redes sociais. Somente compartilhe informações de seu dia a dia com pessoas que você realmente conhece.
- Cuidado ao baixar arquivos desconhecidos. Eles podem conter vírus ou outros programas mal-intencionados que podem danificar o computador ou celular e roubar dados pessoais.

▶ Criança usando *tablet*. Cajuri, Minas Gerais, 2013.

Um pouco mais sobre

Evolução da comunicação

Com o tempo, os meios de comunicação foram mudando e evoluindo bastante. Observe nas imagens alguns meios de comunicação no decorrer da história da humanidade.

- **Pinturas rupestres:** há muito tempo o ser humano já se comunicava por meio de desenhos nas paredes das cavernas.

    ▸ Pintura em caverna do Parque Nacional Cavernas do Peruaçu. Januária, Minas Gerais, 2017.

- **Imprensa:** esta forma de imprimir as palavras em pedaços de papel possibilitou a transmissão das informações de modo mais rápido e para mais pessoas.

    ▸ A. Aymard. *A invenção de Gutenberg de impressão de tipo móvel*, 1933. Litografia colorida, 800 cm × 567 cm.

- **Rádio e televisão:** a invenção do rádio e, mais tarde, da televisão, causou grande revolução na comunicação. As pessoas puderam, pela primeira vez, receber notícias ao vivo.

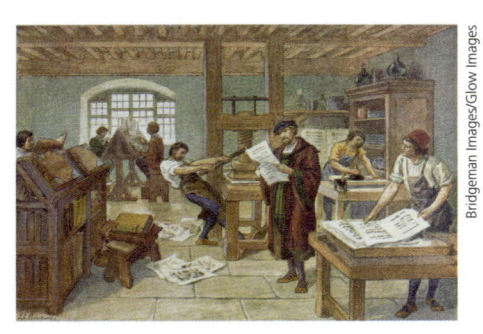

    ▸ Pessoas ouvindo rádio na cidade do Rio de Janeiro em 1942.

- **Internet:** mais recentemente, com os celulares e outros dispositivos eletrônicos, a comunicação tornou-se quase imediata em todos os locais do mundo.

1 Converse com os colegas e o professor sobre a importância desses meios de comunicação: De que maneira eles facilitam a ligação entre os lugares? Como modificaram os hábitos das pessoas?

Atividades

1 Desenhe o meio de comunicação que você mais utiliza.

2 A televisão é um dos mais populares meios de comunicação. A que programas você costuma assistir na televisão?

3 Você assiste à televisão sozinho ou na companhia de outras pessoas? De quem?

4 Assim como no uso da internet, você acha que é preciso tomar certos cuidados ao assistir à TV? Quais?

5 O jornal impresso é um meio de comunicação escrita. Nele são publicadas diferentes notícias. Traga uma folha de jornal para a escola, observe suas características e responda às questões.

a) Qual é o nome do jornal? _____

b) De qual cidade ele é? _____

c) Em que data foi publicado? _____

d) Antes do texto jornalístico sempre há um título ou manchete que chama a atenção para o que há na reportagem. Qual é a manchete dessa página que você está analisando?

_____

6 Escreva o nome de cada meio de comunicação. Depois pinte-os de acordo com a cor indicada.

■ Comunicação escrita   ■ Comunicação oral e visual

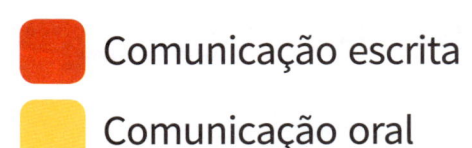

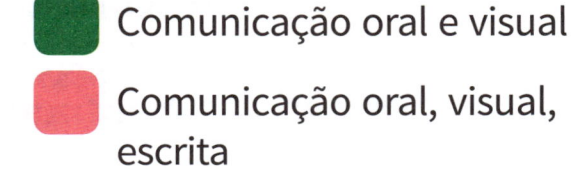

■ Comunicação oral   ■ Comunicação oral, visual, escrita

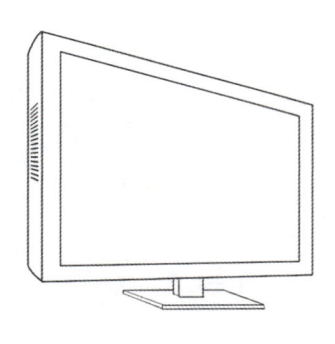

Ilustrações: Leonardo Conceição

7 Os meios de comunicação trazem muitas informações sobre o que acontece no Brasil e no mundo. Entreviste duas pessoas da sua família e escreva no caderno as respostas delas.

- Com que frequência você lê livros?
- Qual é seu livro favorito?
- Com que frequência você acessa a internet?
- Sobre qual assunto você gosta mais de se informar?

Como eu vejo
Acessibilidade nos caminhos

Confira alguns itens que possibilitam o acesso de todos aos espaços de convivência e lhes garantam a segurança.

CALÇADAS
É importante que as calçadas estejam em boas condições e sem obstáculos que dificultem a circulação de pessoas com deficiência.

SEMÁFORO SONORO
Quando o semáforo estiver verde para o pedestre e vermelho para o motorista, o deficiente visual ouvirá um som indicando que ele pode atravessar a rua com segurança.

- pisos de orientação
- paredes com corrimão
- pias suspensas
- rampa com corrimão
- mapa de localização
- guarda-corpo

PISO TÁTIL

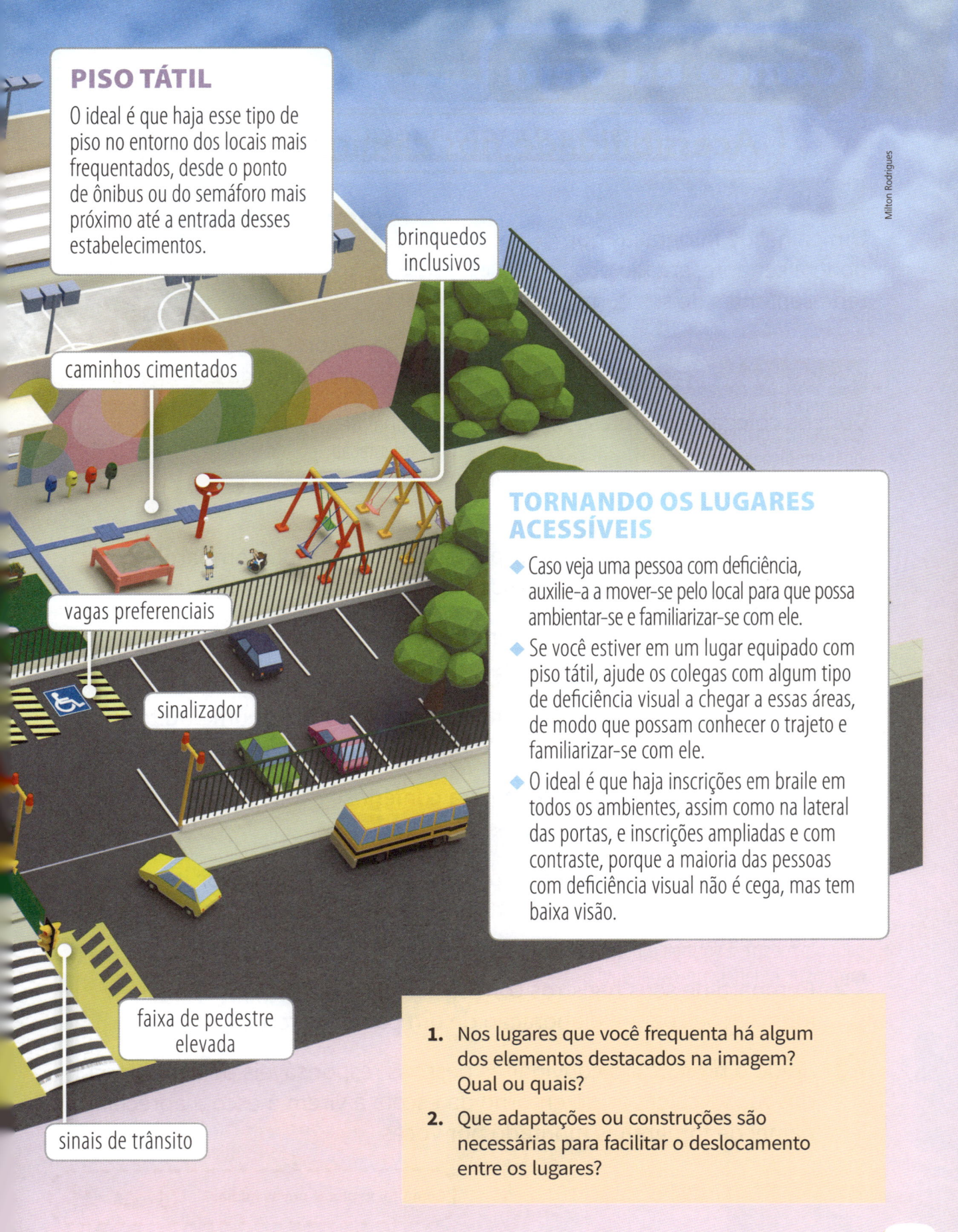

O ideal é que haja esse tipo de piso no entorno dos locais mais frequentados, desde o ponto de ônibus ou do semáforo mais próximo até a entrada desses estabelecimentos.

brinquedos inclusivos

caminhos cimentados

vagas preferenciais

sinalizador

faixa de pedestre elevada

sinais de trânsito

Milton Rodrigues

TORNANDO OS LUGARES ACESSÍVEIS

- Caso veja uma pessoa com deficiência, auxilie-a a mover-se pelo local para que possa ambientar-se e familiarizar-se com ele.
- Se você estiver em um lugar equipado com piso tátil, ajude os colegas com algum tipo de deficiência visual a chegar a essas áreas, de modo que possam conhecer o trajeto e familiarizar-se com ele.
- O ideal é que haja inscrições em braile em todos os ambientes, assim como na lateral das portas, e inscrições ampliadas e com contraste, porque a maioria das pessoas com deficiência visual não é cega, mas tem baixa visão.

1. Nos lugares que você frequenta há algum dos elementos destacados na imagem? Qual ou quais?

2. Que adaptações ou construções são necessárias para facilitar o deslocamento entre os lugares?

69

Como eu transformo

Caminhar de forma segura

Arte · História · Matemática · Língua Portuguesa

O que vamos fazer?
Um painel de fotografias que poderá ser apresentado aos representantes de sua comunidade.

Para que fazer?
Para mostrar a situação das calçadas e ruas dos arredores da escola e pedir melhorias.

Com quem fazer?
Com os colegas e o professor.

Como fazer?

1. Faça as experimentações propostas pelo professor. Compartilhe os sentimentos e sensações despertados por essas experiências.

2. Elabore, com os colegas e o professor, uma autorização e um convite para a saída e o passeio pelos arredores da escola.

3. No dia combinado, traga a autorização assinada por um adulto responsável por você.

4. Releia a seção **Como eu vejo** para conferir se cada item nela descrito será encontrado nos arredores da escola.

5. Siga atentamente as orientações do professor. Registre os itens que localizou e os que não encontrou ao longo da caminhada por meio de fotografias.

6. Compartilhe seus registros com os colegas e, juntos, reúnam as informações para a elaboração de um painel de fotos.

7. Ajude o professor a convidar as pessoas responsáveis pela melhoria das ruas e calçadas do entorno da escola a virem à escola apreciar o painel de fotografias montado por vocês.

Como foi explorar novas mídias?

Hora da leitura

Respeito e paz no trânsito

Observe o cartaz a seguir, ele faz parte de uma das muitas campanhas que alertam para os cuidados que devemos ter no trânsito.

CIDADANIA E RESPEITO.

O CONDUTOR DE HOJE, É O PEDESTRE DE AMANHÃ.

Semana Nacional de Trânsito 2014
18 a 25 de Setembro
"Cidade para as pessoas, proteção e prioridade para os pedestres"

1. Que tipo de sinalização aparece no cartaz?

2. Por que devemos obedecer à sinalização e respeitá-la?

3. A seguir, desenhe alguns sinais de trânsito que você vê nas ruas. Pesquise o significado deles e mostre aos colegas.

Revendo o que aprendi

1 Ligue os pontos e descubra o meio de transporte utilizado para:

a) transportar muitas pessoas;

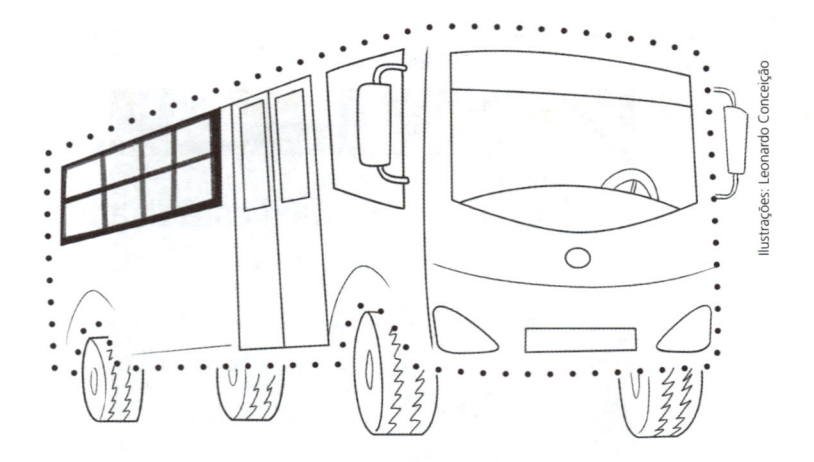

Ilustrações: Leonardo Conceição

b) transportar poucas pessoas.

2 Leia as informações do quadro abaixo e desenhe em seu caderno a rua descrita nele.

- Nessa rua existem muitas árvores.
- Na esquina há faixa de segurança.
- Há muitas casas térreas e um prédio bem grande.
- Na calçada estão dois pedestres.
- Uma das casas ainda está em construção.
- Há um ônibus e dois carros na rua.

3 Leia a tira a seguir e depois responda.

- Que meio de comunicação a Mônica está usando?
  _____

4 Quando o telefone é utilizado?
_____

5 Desenhe outros dois meios de comunicação.

73

Nesta unidade vimos

- As ruas são locais de passagem de pessoas e veículos. Elas são espaços de todos e para todos. Por isso, devem ser bem cuidadas.

▶ Existem diversos tipos de rua, como vimos na página 53.

- Para se deslocar de um lugar a outro, as pessoas podem utilizar meios de transporte, que transitam pelas ruas, águas, vias férreas ou pelo ar. Todos devem respeitar as regras e sinalizações que foram criadas para organizar o trânsito.

▶ Bicicletas e automóveis são exemplos de meios de transporte, como visto na página 55.

- Quando nos comunicamos, transmitimos nossas ideias, sentimentos e informações. Isso pode ocorrer por meio de palavras, gestos e também por meios diferentes, como jornal e telefone.

▶ A linguagem de sinais é uma das maneiras de se comunicar, como você viu na página 63.

Para finalizar, responda:

- Como é a rua em que você vive? Você sabe descrevê-la?
- Cite alguns meios de transporte usados na locomoção de um lugar para outro.
- Quais são os principais meios de comunicação utilizados pelas pessoas?

Para ir mais longe

Livros

▶ **No tempo em que a televisão mandava no Carlinhos**, de Ruth Rocha. São Paulo: Salamandra, 2011.

A história de um menino que passava horas diante da televisão e comprava tudo que era anunciado nas propagandas.

▶ **Meios de transporte**, de Gláucia Lombardi. São Paulo: Paulus, 2012.

O livro ensina a fazer dobraduras que transformam uma folha de papel em diversos meios de transporte. Trata-se de um convite à imaginação.

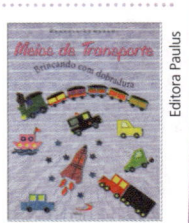

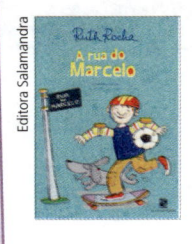

▶ **A rua do Marcelo**, de Ruth Rocha. São Paulo: Salamandra, 2012.

Marcelo é uma criança como você, e nesse livro ele apresenta a rua onde mora, com as construções e pessoas que nela vivem ou transitam.

▶ **Essa rua é nossa**, de Beatriz Meirelles. São Paulo: Scipione, 2010.

A rua pertence a todos e por todos deve ser cuidada. O que cada um pode fazer?

Filmes

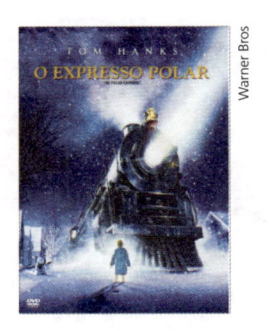

▶ **O Expresso Polar**. Direção de Robert Zemeckis. Estados Unidos: Warner Bros., 2004, 100 min.

É véspera de Natal e um garoto ouve um forte barulho. Do lado de fora da casa, ele vê à sua frente um gigantesco trem, com destino ao Polo Norte. Embarca, então, em uma incrível e inesquecível viagem.

Sites

▶ **Meios de transporte – Escola Games:** <www.escolagames.com.br/jogos/meiosTransporte>.

Nesse *link* você vai se divertir com um jogo sobre os diferentes meios de transporte.

▶ **História em quadrinhos da Turma da Mônica sobre educação no trânsito:** <http://turmadamonica.uol.com.br/educacaonotransito>.

A Turma da Mônica ensina você por meio de jogos e de histórias em quadrinhos, as regras necessárias para estar seguro no trânsito.

UNIDADE 4
Lugares e paisagens

76

- A imagem mostra uma paisagem. O que você observa?
- O que as pessoas estão fazendo?
- O que existe nesta paisagem que também existe no lugar em que você vive?

CAPÍTULO 1

O bairro e suas paisagens

Observando o bairro

Quando damos a alguém nosso endereço, ou seja, o nome da rua e o número da moradia, também mencionamos o bairro onde moramos.

Veja a seguir o desenho de um bairro.

Na figura foram utilizadas cores-fantasia. Os elementos não estão representados proporcionalmente entre si, e seu tamanho não corresponde ao tamanho real.

1 Escolha dois locais do bairro da imagem e trace um trajeto ligando um local ao outro. Cite os pontos de referência para chegar a um deles explicando qual é o trajeto.

2 Há elementos em seu bairro que não estão na imagem? Quais?

O que é um bairro?

O bairro é cada uma das partes em que se divide uma cidade. O bairro onde moramos é o espaço da cidade no qual estabelecemos mais relações, pois ali estão as ruas que mais conhecemos, o comércio que frequentamos e as pessoas com as quais mais convivemos.

Em um único bairro pode haver diferentes paisagens. Observe as fotografias a seguir.

▶ Paisagem com elementos naturais no bairro Gleba Palhano. Londrina, Paraná, 2015.

▶ Paisagem com predomínio de elementos humanizados no bairro Gleba Palhano. Londrina, Paraná, 2015.

Além de tamanhos diferentes, os bairros têm paisagens diferentes. Alguns contam com maior número de moradias, outros se destacam pelo movimento e uma grande quantidade de estabelecimentos comerciais. Existem também bairros nos quais há várias indústrias. Na maioria dos bairros podemos encontrar residências, áreas comerciais e indústrias. Qual das imagens mais se parece com o bairro onde você mora?

▶ Residências no bairro Alto Bela Vista, em São Gotardo, Minas Gerais, 2015.

▶ Lojas no bairro Santo Antônio, no Recife, Pernambuco, 2013.

▶ Galpões de fábricas no bairro do Brás, em São Paulo, São Paulo, 2015.

Cartografar

Observe as imagens a seguir. A imagem 1 é uma fotografia aérea.

A imagem 2 mostra uma representação do mesmo local da imagem 1: é uma planta cartográfica, ou seja, o desenho do espaço visto de cima para baixo.

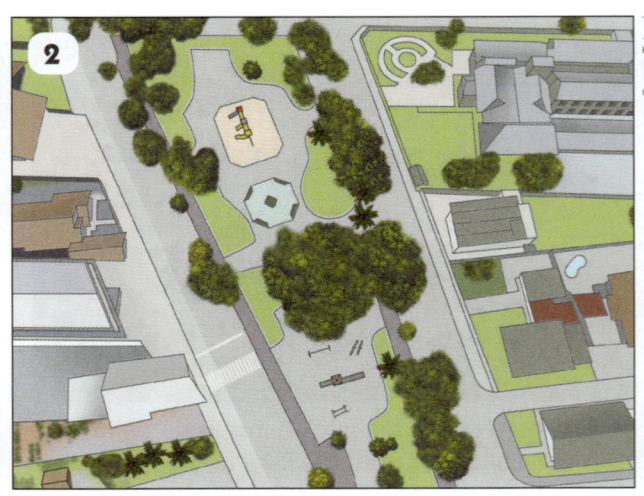

▶ Visão aérea da Praça Jorge Lacerda, na região central de Pomerode, Santa Catarina, 2017.

Responda às questões.

1 Que espaço foi representado pela planta cartográfica?

_____

2 Que visão foi utilizada para fazer essa representação? _____

3 Na planta cartográfica, algumas cores foram utilizadas para representar os elementos mapeados. Quais são elas?

_____

_____

4 Que elementos mapeados na planta cartográfica também existem no lugar em que você vive? _____

Atividades

1 Leia o texto a seguir e faça o que se pede.

O que é o bairro?

É muito bom falar e ouvir falar do bairro em que moramos ou em que nascemos. Nesse lugar, construímos as relações do nosso dia a dia: andando pelas ruas do bairro, é comum reconhecermos as pessoas que por ali circulam. Perto de casa, cumprimentamos os vizinhos. Na padaria da esquina, conhecemos os produtos. Sabemos os nomes das ruas e o que iremos encontrar nelas... Essas coisas nos fazem "sentir em casa"! Se vivemos muito tempo em um bairro, temos a sensação de dominar aquele espaço como a nossa própria casa. [...]

Cintia A. C. Arreguy e Rafael R. Ribeiro (Coord.). *Histórias de bairros*. Belo Horizonte: APCBH; Acap-BH, 2008. p. 13. Disponível em: <www.pbh.gov.br/historia_bairros/NoroesteCompleto.pdf>. Acesso em: abr. 2019.

a) Qual é o nome de seu bairro? _____

b) O que você mudaria no bairro onde mora?

_____

_____

2 Como são as ruas do bairro onde se localiza a escola em que você estuda? Elas precisam de manutenção?

_____

_____

3 Pesquise alguns serviços públicos do bairro onde mora. Há linhas de ônibus que atendem o bairro? Para onde elas levam?

_____

_____

Paisagem e mudança

No bairro onde moramos, podemos perceber alterações na paisagem. Algumas casas são demolidas, outras construídas, uma rua é calçada, um jardim é plantado ou uma árvore é cortada, por exemplo. Todas essas mudanças são feitas para atender às necessidades das pessoas. Elas modificam os espaços para atender às suas necessidades de moradia ou alimento, por exemplo. Por meio do trabalho, retiram da natureza aquilo de que necessitam ou modificam a paisagem ao longo do tempo.

Observe a sequência de imagens que apresenta exemplos dessas transformações no espaço.

▶ Porto do Rio de Janeiro, Rio de Janeiro, 2011.

▶ Porto do Rio de Janeiro, Rio de Janeiro, 2015.

▶ Ponte pênsil Benjamin Constant. Manaus, Amazonas, c. 1901-1902.

▶ Ponte pênsil Benjamin Constant. Manaus, Amazonas, 2015.

Você já observou mudanças nas paisagens no lugar em que mora ou estuda? Conte para os colegas e para o professor.

A forma pela qual os seres humanos se relacionam com a natureza e transformam as paisagens é bastante diversificada. Essas modificações podem variar, por exemplo, de acordo com características naturais do local e com as necessidades das pessoas em cada sociedade.

Atividades

1 Observe a sequência de fotografias da cidade de Brasília, no Distrito Federal, em dois momentos diferentes. Depois faça o que se pede.

▶ Eixo Monumental em Brasília, Distrito Federal, 1959.

▶ Eixo Monumental em Brasília, Distrito Federal, 2014.

◆ Que mudanças você observa na paisagem entre a primeira e a segunda fotografia?

_____

_____

_____

2 Observe o bairro onde você mora. Há algum elemento que está sendo modificado? Por quais modificações ele está passando?

_____

_____

_____

83

O trabalho transforma o espaço

O ser humano altera o espaço para atender às suas necessidades e nele realizar diferentes atividades. Para realizá-las, ele utiliza elementos da natureza, como o solo e a água, para plantar e extrair diferentes produtos.

Com o trabalho na **agricultura**, na **pecuária**, no **extrativismo**, na **indústria** e no **comércio**, o ser humano transforma o espaço e cria novas paisagens.

Agricultura

Nas áreas rurais, há atividades ligadas à agricultura. Isso pode ocorrer também nas cidades, em alguns bairros, onde se cultivam hortas urbanas. Agricultura é a atividade de preparar a terra, plantar e colher os produtos que servirão de alimento para as pessoas e de **matéria-prima** para as indústrias.

Glossário

Matéria-prima: produto utilizado na elaboração de outro produto. Pode ser de origem animal, vegetal ou mineral.

▶ Feliz Natal, Mato Grosso, 2016.

Pecuária

A criação de animais para consumo ou para matéria-prima da indústria é chamada de pecuária.

▶ Guaraí, Tocantins, 2017.

Atividade extrativa

Uma das atividades mais antigas do ser humano é o extrativismo, ou seja, a extração de produtos da natureza sem que ele tenha participado de sua criação. São exemplos de extrativismo: a coleta de frutos, sementes e raízes; a caça e a pesca; a extração de minérios, como areia, petróleo e ouro.

A atividade extrativa mineral normalmente altera o ambiente e cria novas paisagens. Para desenvolver a extração do minério de ferro, por exemplo, a vegetação é retirada, e a paisagem, rapidamente modificada.

▶ Área de extração de minério de ferro. Congonhas, Minas Gerais, 2016.

Atividade industrial

Indústria é a atividade que transforma em produtos industrializados matérias-primas obtidas na agricultura, na pecuária e no extrativismo. A atividade industrial cria novas paisagens com a instalação de fábricas, o desenvolvimento de vias de transporte e o surgimento de outras construções ao redor das indústrias.

▶ Indústria automobilística em Camaçari, Bahia, 2015.

Atividade comercial

Comércio é atividade de compra e venda de mercadorias. A atividade comercial pode ocorrer no espaço das ruas – as feiras livres semanais são exemplos –, ou em espaços exclusivamente com essa função, como os *shopping centers*, criando assim diferentes paisagens.

▶ Feira livre em Lençóis, Bahia, 2016.

Um pouco mais sobre

Solo e água: importantes recursos para a vida

O solo e a água são recursos necessários à nossa sobrevivência e à de todos os outros seres vivos.

No solo construímos nossas moradias, fazemos plantações, criamos animais e dele retiramos minérios importantes, como ferro e petróleo, utilizados das mais diversas formas em nosso dia a dia.

Precisamos de água para saciar a sede, cozinhar, cuidar da higiene, regar as plantas. Ela também é o hábitat de muitos animais, fonte de lazer, via de transporte e ainda pode ser utilizada para gerar eletricidade.

Apesar de se saber a importância do solo e da água, esses recursos não estão sendo bem cuidados pelas pessoas. Observe nas fotografias dois exemplos de mau uso do solo e da água.

▶ A derrubada da vegetação deixa o solo exposto e sujeito à erosão. Manoel Viana, Rio Grande do Sul, 2016.

▶ Além do lixo, o despejo de esgotos domésticos e industriais também polui a água. Rio de Janeiro, Rio de Janeiro, 2016.

1 Pinte de **marrom** a alternativa que se refere ao bom uso do solo e de **azul** a que se referir ao uso adequado da água. Você também pode utilizar as duas cores caso a alternativa se refira tanto ao solo quanto à água.

☐ destino correto do lixo

☐ conservação da vegetação

☐ evitar o desperdício de água

Atividades

Leia o trecho da história e depois faça as atividades 1 e 2 no caderno.

[...]
Eles tinham acabado de entrar num garimpo que parecia um formigueiro de gente.
Eram milhares e milhares de homens **cavoucando**, arrancando terra, peneirando, lavando... Muitos dentro de grandes buracos.
– O que esta gente está fazendo, professor? – perguntou Juliana.
– São garimpeiros, estão procurando ouro.
– Quer dizer que vão ficar ricos?
– Alguns até ficam, mas o que fazem é terrível, porque prejudicam a natureza. [...]
– Parece que ninguém faz as coisas do jeito certo – disse Alexandre. [...]

Liliana Iacocca. *Caça ao tesouro: uma viagem ecológica*. São Paulo: Ática, 1995. p. 32.

Glossário
Cavoucar: fazer escavação ou buraco na terra.

1 Que tipo de local é descrito no texto? Que atividade econômica é praticada nesse local?

2 Desenhe como você imagina a paisagem vista pelos personagens da história. Depois exponha seu desenho em um mural na sala de aula.

3 Numere a segunda coluna de acordo com a primeira.

1	agricultura	( ) retirada de produtos da natureza
2	pecuária	( ) plantação e colheita
3	extrativismo	( ) compra e venda de produtos
4	indústria	( ) criação de animais
5	comércio	( ) transformação de matéria-prima

CAPÍTULO 2

A cultura do bairro

Brincar é socializar

Você conhece a brincadeira **cama de gato**? Vamos brincar? Você precisará de um pedaço de barbante de aproximadamente 80 centímetros e de um colega para brincar.

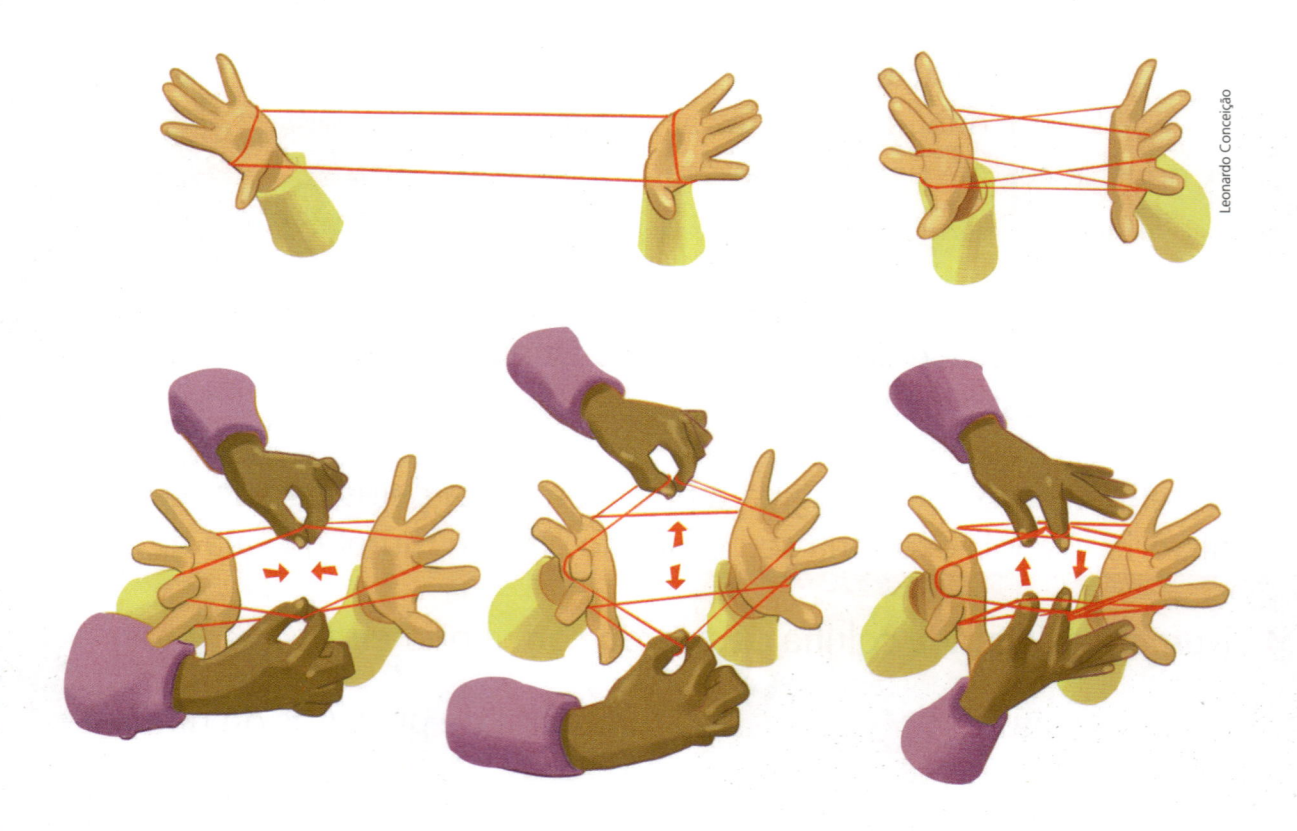

Leonardo Conceição

1. Você gostou da brincadeira? Conhece outra brincadeira semelhante? Conte aos colegas.

2. A brincadeira **cama de gato** é praticada em várias partes do mundo. Você conhece outras brincadeiras que aprendemos com pessoas que vieram de outros lugares para morar em nosso bairro?

O bairro e a cultura de seus moradores

Assim como as brincadeiras, no bairro onde moramos pode haver outros elementos culturais de origem de seus fundadores. Aspectos das construções, festas, costumes e culinária, por exemplo, trazem informações da história do bairro, ou seja, de onde vieram muitos de seus moradores.

▶ O Memorial Ucraniano foi construído em 1995 para comemorar o Centenário da Imigração Ucraniana no Brasil. Curitiba, Paraná, 2013.

▶ O bairro do Bixiga, onde está localizada a quadra da Escola de Samba Vai-Vai, é originário do Quilombo do Saracura, local onde viviam africanos escravizados. São Paulo, São Paulo, 2015.

▶ Monumento ao Sobá, um tipo de macarrão japonês, na Feira Central. Campo Grande, Mato Grosso do Sul, 2017.

▶ Arquitetura tipicamente alemã do clube Deutscher Klub. Recife, Pernambuco, 2013.

As pessoas que moram em um bairro podem ter diversas origens: algumas nasceram, cresceram e querem viver sempre ali; outras moravam em outros bairros, mas resolveram mudar-se depois que se casaram ou para ficar mais perto do local de trabalho; há também aquelas que vieram de longe, de outras cidades, estados e até mesmo de outros países.

Cada uma dessas pessoas pode pertencer a diferentes grupos, com diferentes costumes e tradições. A convivência entre elas possibilita a troca desses conhecimentos e enriquece a cultura do bairro.

Ao movimento de pessoas que mudam de um local para outro damos o nome de **migração**.

Na figura foram utilizadas cores-fantasia. Os elementos não estão representados proporcionalmente entre si, e seu tamanho não corresponde ao tamanho real.

▶ Nas rodoviárias é comum encontrar pessoas embarcando e desembarcando em fluxos de migração. Rio de Janeiro, Rio de Janeiro, 2015.

Paisagens e influência das migrações

Nos bairros, a cultura dos povos migrantes é percebida nas paisagens.

Na cidade do Rio de Janeiro, por exemplo, existe uma feira no bairro de São Cristóvão que mantém as tradições da população migrante nordestina, com barracas que vendem artesanato e alimentos e bebidas típicas de algumas cidades do Nordeste. Nessa feira também há *shows* com músicas e danças típicas, como o forró.

▶ Centro Municipal Luiz Gonzaga de Tradições Nordestinas, também conhecido como "Feira de São Cristóvão". Rio de Janeiro, Rio de Janeiro, 2017.

Outro exemplo de marca da migração nos bairros é a mesquita muçulmana de Curitiba, Paraná. Esse espaço religioso foi fundado para que imigrantes da religião muçulmana pudessem praticar sua religião. A construção da mesquita foi influenciada pela arquitetura árabe.

▶ Mesquita Imam Ali ibn Abi Talib (ou Mesquita de Curitiba). Curitiba, Paraná, 2016.

Atividades

Muitos bairros surgiram ao abrigar pessoas que vieram de muito longe e imprimiram na paisagem características de seu respectivo país de origem. Observe as imagens a seguir e responda as atividades 1 e 2.

▶ Bairro da Liberdade. São Paulo, São Paulo, 2015.

▶ Casa de estilo arquitetônico alemão. Feliz, Rio Grande do Sul, 2016.

1 Escreva seu endereço e o nome do bairro onde mora.

_____

2 No bairro onde você mora existe algum elemento que se assemelha a um dos elementos das fotografias?

3 Converse com moradores mais antigos de seu bairro. Pergunte quais mudanças foram feitas no bairro ao longo dos anos. Anote abaixo suas descobertas.

_____
_____
_____
_____
_____
_____

Aspectos históricos e culturais

Em paisagens e atividades dos bairros, podemos notar aspectos históricos e culturais. Observe por exemplo esta tela.

▶ Gilvan Lima. *Baiana do acarajé e capoeiristas no Largo do Pelourinho*, 2012. Acrílico sobre tela, 50 cm × 70 cm.

Na imagem vemos o casario histórico do bairro do Pelourinho em Salvador, capital do estado da Bahia. O casario tem características da arquitetura portuguesa. Esse é um exemplo de patrimônio histórico e cultural. Nessa mesma tela há uma apresentação de capoeira e uma baiana vendendo acarajés e outras comidas típicas da região. Essas pessoas revelam a influência e a participação da cultura africana na história e nos costumes do povo brasileiro. Tanto a capoeira quanto as receitas dos alimentos típicos vendidos pelas baianas também são considerados patrimônio cultural.

A cultura é constituída pelos costumes, crenças religiosas, conhecimentos, artes e hábitos de um povo. Assim, em contato com outras culturas, adquirimos novos costumes e modos de agir. A troca de costumes e diferentes modos de vida enriquece a cultura de um povo.

#Digital

As construções históricas e culturais do bairro

Todas as construções que compõem a paisagem de seu bairro têm um endereço, ou seja, estão localizadas em uma rua e identificadas por um número. Para visitar museus, praças, parques, exposições, monumentos e demais construções consideradas patrimônios históricos e culturais existentes no seu ou em outros bairros, você precisa conhecer o endereço delas.

▶ Teatro Amazonas. Manaus, Amazonas, 2015.

1. Qual construção relacionada à cultura ou ao lazer você já visitou ou gosta de visitar em seu bairro ou em outros bairros?

2. Você se lembra de alguns dos elementos que existem no caminho de sua casa até esse lugar? Quais?

3. Atualmente, há programas e aplicativos que auxiliam as pessoas a localizar lugares e endereços. Vamos fazer uma atividade com um deles!
   Escolha um programa ou aplicativo de localização ou GPS e procure o endereço de uma construção considerada patrimônio histórico em seu bairro ou em outro bairro da cidade. Responda no caderno:

   a) Que ferramentas você encontrou no programa ou aplicativo que utilizou?

   b) Você acha que essas ferramentas são úteis? Por quê?

Um pouco mais sobre

Festas e outras atividades sociais nos bairros

Muitas vezes, os moradores de uma comunidade ou localidade se reúnem e promovem atividades conjuntas, como festas, que se tornam tradicionais. O espaço do bairro pode ser utilizado para essas atividades, as quais acontecem em datas definidas, periodicamente. O motivo das festas pode ser, entre outros, religioso, de divulgação de produtos ou ainda de arrecadação de dinheiro para obras sociais. Nelas, as pessoas trabalham, encontram-se e se divertem juntas. Algumas ruas dos bairros também são reservadas em determinados períodos para que as pessoas se reúnam e façam atividades físicas ou de lazer.

O cartaz a seguir é um exemplo dessas atividades.

SARAU
ARTES, LITERATURA E MÚSICA DO IFAC

Atrações:
Apresentação de violão instrumental;
Grupo chorinho elétrico;
Poesia;
Cantoria de alunos e professores e
Trupe de copos.

Local: Praça 25 de setembro
Dia: 29/06/2016
Horário: 19h30

Instituto Federal Acre

1 Que atividades estão sendo divulgadas pelo cartaz?

_____

2 Onde acontecem as atividades mencionadas?

_____

_____

3 Quando as pessoas se encontram para essas atividades?

_____

_____

Atividades

1 O bairro onde você mora recebeu migrantes de outras regiões do país ou de outros países? Quais? Se necessário, faça uma pesquisa para obter essas informações e anote no caderno.

2 No bairro onde mora, você observa exemplos de construções ou atividades que representem heranças dos migrantes? Quais?

3 Em alguns bairros, podemos notar diferentes aspectos culturais, resultado da influência dos povos que foram morar nesse local. Observe nas imagens alguns exemplos da cultura de povos que vieram da África e contribuíram para a diversidade da cultura brasileira.

▶ Roda de samba. Salvador, Bahia, 2014.

▶ Roda de capoeira. Salvador, Bahia, 2014.

▶ Feijoada. Bom Jardim de Minas, Minas Gerais, 2016.

▶ Apresentação de maracatu rural. Aliança, Pernambuco, 2015.

◆ Que elementos culturais foram representados?

_____

4 No bairro em que você mora há elementos como os apresentados na atividade 3, que são tradições trazidas por diferentes povos? Quais?

_____

GEOGRAFIA em ação

Agente do trânsito seguro no bairro

Nas ruas do bairro transitam pessoas e veículos. Para garantir que todos possam circular com segurança nesse espaço, o trabalho do agente de trânsito é fundamental. Esse profissional precisa comunicar-se com todos que fazem parte do trânsito, em todos os meios de transporte, para que tudo funcione bem. Vamos conhecer um pouco mais o trabalho desse profissional lendo a entrevista de Paula Regina.

Como você se preparou para fazer seu trabalho?

Participei de um curso de formação para agentes de trânsito ministrado aqui mesmo, no Detran de Pernambuco.

Por que escolheu essa profissão?

Pelo fato de gostar muito da área de trânsito, vi no concurso a oportunidade de trabalhar em algo de que sempre gostei.

Como você se comunica com os condutores de veículos? Precisa recorrer muitas vezes a gestos?

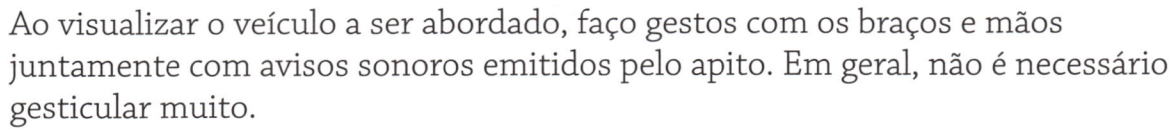

Ao visualizar o veículo a ser abordado, faço gestos com os braços e mãos juntamente com avisos sonoros emitidos pelo apito. Em geral, não é necessário gesticular muito.

Quais são suas dicas para que o trânsito fique mais seguro?

Vivemos em uma sociedade em que muitas pessoas não respeitam limites, por isso é necessário que os condutores sejam prudentes, preocupem-se consigo mesmos e com os outros. Todos devemos fazer nossa parte: cumprir as leis de trânsito e sempre respeitar os outros motoristas e pedestres.

Por que ocorrem muitos acidentes de trânsito no Brasil?

A imprudência é o fator de maior relevância quanto a essa questão. Muitos motoristas se envolvem em acidentes porque não respeitam as leis de trânsito, mas elas foram criadas para o bem da sociedade.

Paula Regina Ferreira de Santana é agente de trânsito no Recife, em Pernambuco.

Revendo o que aprendi

Leia o texto a seguir para responder as atividades 1 e 2.

[...] Imaginem que naquele tempo ainda nem existia asfalto. As ruas eram de terra ou de paralelepípedo. Mas, em compensação, as crianças podiam ficar brincando até tarde nas ruas. Brincavam de pega-pega, de roda, esconde-esconde, passa-anel, barra-manteiga. E só iam para casa na hora de dormir. [...]

Nye Ribeiro Silva. *No tempo dos meus bisavós*. 2. ed. São Paulo: Editora do Brasil, 2013. p. 21.

1 No caderno, faça um desenho que mostre a paisagem descrita no texto.

2 Vamos comparar seu desenho com outros desenhos dos colegas? Eles ficaram diferentes? Em quê?

3 Observe as imagens. Elas apresentam as mudanças que ocorreram em uma paisagem ao longo do tempo. Numere-as de forma que possam ser observadas na sequência correta das alterações ocorridas.

Ilustrações: George Tutumi

4 Leia a seguir o trecho de um poema.

E o seu bairro como é? [...]
É bairro industrial.
Rural, residencial?
Tem uma rua de terra?
Tem um bezerro que berra?
Tem barracas de ambulantes?

Tem mulheres com turbantes?
Tem escolas de inglês?
De espanhol e de francês?
Hospital, papelaria,
Banco e sorveteria? [...]

César Obeid. *Meu bairro é assim*. São Paulo: Moderna, 2016. p. 5, 14-15.

◆ Assinale o que há no bairro onde você mora.

☐ panificadora ☐ supermercado ☐ escola

☐ praça ☐ posto de saúde ☐ plantação

5 Identifique o tipo de atividade econômica que está retratada em cada fotografia.

▶ Peças de cerâmica à venda. Teresina, Piauí, 2015.

▶ Mina de calcário. Almirante Tamandaré, Paraná, 2016.

▶ Trabalhador irriga horta em Palmas, Tocantins, 2017.

▶ Criação de ovelhas em São José dos Ausentes, Rio Grande do Sul, 2016.

Nesta unidade vimos

- O bairro é cada uma das partes em que se divide uma cidade. Ele é formado por um conjunto de ruas e avenidas, com casas e outras construções, além de lugares para lazer. Os bairros podem ser comerciais, residenciais e industriais.

▶ Em um único bairro pode haver diferentes paisagens, como visto na página 79.

- Para atender às suas necessidades, o ser humano utiliza os recursos da natureza e transforma o espaço por meio de diversos tipos de atividades: agricultura, pecuária, extrativismo, indústria e comércio.

▶ O trabalho do ser humano transforma o espaço, como vimos na página 84.

- Nos bairros habitam pessoas que vieram de diferentes locais, num movimento chamado de migração. Aspectos das construções, festas, costumes e culinária, por exemplo, trazem informações da história do bairro, ou seja, de onde vieram muitos de seus moradores.

▶ Os moradores do bairro podem ser migrantes, como aprendemos na página 89.

Para finalizar, responda:
- Como é o bairro em que você reside?
- Como as migrações influenciam a cultura dos bairros?
- Como o ser humano transforma o espaço em que vive?

Para ir mais longe

Livros

- **Meu bairro**, de Lisa Bullard. São Paulo: Hedra, 2012.

    O livro conta a história de Lili, uma garota que quer apresentar seu bairro ao novo vizinho.

- **Nas ruas do Brás**, de Dráuzio Varela. São Paulo: Companhia das Letras, 2000.

    O autor relembra sua infância no bairro do Brás, em São Paulo.

- **Migrando**, de Mariana Chiesa Mateos. São Paulo: Editora 34, 2015.

    Mudar de país, mudar de paisagens. Esse é o desafio de quem migra: milhões de pessoas que todos os anos se veem obrigadas a recomeçar a vida longe de casa, em outro país.

- **A cidade muda**, de Edson Gabriel Garcia. São Paulo: Salamandra, 2016.

    O livro conta a história de Juca e as mudanças que começam a acontecer na cidade em que ele vive.

Filmes

- **De volta para o futuro.** Direção de Robert Zemeckis. EUA: Universal Pictures/Amblin Entertainment, 1985, 166 min.

    Um adolescente viaja acidentalmente ao passado por meio de uma máquina do tempo inventada por um amigo, que é um criativo cientista maluco. No passado, o adolescente explora as diferenças nos costumes e na paisagem.

Sites

- **Gastronomia no Brasil:** <www.brasil.gov.br/cultura/2009/10/gastronomia>.

    Conheça alguns exemplos da culinária brasileira e sua grande mistura de tradições e ingredientes, heranças da população indígena e dos imigrantes.

- **São Paulo Antiga:** <www.saopauloantiga.com.br/category/antes-depois>.

    No site é possível ver alterações em algumas paisagens da cidade de São Paulo.

Referências

ALMEIDA, Rosângela Doin de. *Do desenho ao mapa*: iniciação cartográfica na escola. São Paulo: Contexto, 2010.

_____ (Org.). *Cartografia escolar*. São Paulo: Contexto, 2010.

_____ (Org.). *Novos rumos da Cartografia escolar*: currículo, linguagem e tecnologia. São Paulo: Contexto, 2011.

_____; PASSINI, Elza Y. *O espaço geográfico*: ensino e representação. São Paulo: Contexto, 2002.

ATLAS geográfico escolar. 7. ed. Rio de Janeiro: IBGE, 2016.

BRASIL. Ministério da Educação. *Base Nacional Comum Curricular*. Disponível em: <http://basenacionalcomum.mec.gov.br/images/BNCC_EI_EF_110518_versaofinal_site.pdf>. Acesso em: abr. 2019.

CARLOS, Ana Fani. *Novos caminhos da Geografia*. São Paulo: Contexto, 2002.

_____. *O lugar no/do mundo*. São Paulo: Labur Edições, 2007.

_____ (Org.). *A Geografia na sala de aula*. São Paulo: Contexto, 2010.

CASTELLAR, S.; CAVALCANTI, L.; CALLAI, H. (Org.). *Didática da Geografia*: aportes teóricos e metodológicos. São Paulo: Xamã, 2012.

_____ (Org.). *Educação geográfica*: teorias e práticas docentes. São Paulo: Contexto, 2010.

CASTRO, Iná (Org.). *Geografia*: conceitos e temas. Rio de Janeiro: Bertrand Brasil, 2010.

CASTROGIOVANI, A. C. *Geografia em sala de aula*: práticas e reflexões. Porto Alegre: UFRGS-AGB, 1999.

_____ (Org.). *Ensino de Geografia*: práticas e textualizações no cotidiano. Porto Alegre: Mediação, 2008.

CAVALCANTE, Lana de Souza. *O ensino de Geografia na escola*. Campinas: Papirus, 2012.

GIOMETTI, Analúcia B. R.; PITTON, Sandra E. C.; ORTIGOZA, Silvia A. G. *Leitura do espaço geográfico através das categorias*: lugar, paisagem e território. Unesp; Univesp, 2012. Disponível em: <www.acervodigital.unesp.br/bitstream/123456789/47175/1/u1_d22_v9_t02.pdf>. Acesso em: abr. 2019.

GODOY, Paulo Roberto Teixeira de (Org.). *História do pensamento geográfico e epistemologia em Geografia*. São Paulo: Cultura Acadêmica, 2010.

IBGE. Educa. Disponível em: <https://educa.ibge.gov.br/>. Acesso em: abr. 2019.

IBGE. *Noções básicas de Cartografia*. Rio de Janeiro, 1998. Disponível em: <https://biblioteca.ibge.gov.br/visualizacao/monografias/GEBIS%20-%20RJ/ManuaisdeGeociencias/Nocoes%20basicas%20de%20cartografia.pdf>. Acesso em: abr. 2019.

JOLY, Fernand. *A Cartografia*. Campinas: Papirus, 1990.

KATUTA, Ângela Massumi et al. *(Geo)grafando o território*: a mídia impressa no ensino de Geografia. São Paulo: Expressão Popular, 2009.

OLIVEIRA, Lívia de. Estudo metodológico e cognitivo do mapa. In: ALMEIDA, Rosângela Doin de (Org.). *Cartografia escolar*. São Paulo: Contexto, 2010.

PASSINI, Elza Yasuko. *Prática de ensino de Geografia e estágio supervisionado*. São Paulo: Contexto, 2007.

PONTUSCHKA, Nídia Nacib; PAGANELLI, Tomoko Lyda; CACETE, Núria Hanglei. *Para ensinar e aprender Geografia*. São Paulo: Cortez, 2007.

_____; OLIVEIRA, Ariovaldo Umbelino (Org.). *Geografia em perspectiva*. São Paulo: Contexto, 2002.

SANTOS, Milton. *Pensando o espaço do homem*. São Paulo: Edusp, 2007.

SIMIELLI, Maria Elena. *Primeiros mapas*: como entender e construir. São Paulo: Ática, 2010.

STRAFORINI, Rafael. *Ensinar Geografia*: o desafio da totalidade-mundo nas séries iniciais. São Paulo: Annablume, 2006.

VESENTINI, José W. (Org.) *Ensino de Geografia para o século XXI*. Campinas: Papirus, 2005.

Atividades para casa

UNIDADE 1

1 COMPLETE AS IMAGENS DESENHANDO AS DIFERENÇAS ENTRE O PERÍODO DO DIA E O DA NOITE. DEPOIS, PINTE-AS.

A) DURANTE O DIA

B) DURANTE A NOITE

2 EM QUAL PERÍODO DO DIA VOCÊ COSTUMA ESTAR COM SEUS AMIGOS?

_____

3 CONSIDERANDO QUE A CRIANÇA APRESENTADA NAS ILUSTRAÇÕES A SEGUIR ESTUDA NO PERÍODO DA MANHÃ, NUMERE AS CENAS PARA INDICAR A ORDEM DAS ATIVIDADES NA ROTINA DO DIA A DIA DELA.

Ilustrações: Leonardo Conceição

4 LIGUE AS ATIVIDADES AO PERÍODO EM QUE VOCÊ AS REALIZA.

VOU PARA A ESCOLA.
BRINCO OU JOGO COM MEUS AMIGOS.
TOMO BANHO.
FAÇO TAREFAS.

MANHÃ

TARDE

NOITE

5 OBSERVE AS FOTOGRAFIAS A SEGUIR E RESPONDA.

▶ São Paulo, São Paulo, 2015.

▶ São Paulo, São Paulo, 2018.

A) QUE LUGAR ESTÁ REPRESENTADO NAS IMAGENS?

_____

B) QUAL DAS IMAGENS FOI FOTOGRAFADA DURANTE O DIA?

_____

6 COM BASE NAS IMAGENS DA ATIVIDADE ANTERIOR, ASSINALE AS DIFERENÇAS QUE VOCÊ OBSERVA ENTRE ELAS.

☐ NÚMERO DE PESSOAS

☐ PRESENÇA DE LUZ

☐ MAIOR NÚMERO DE CONSTRUÇÕES

7 EM QUE PERÍODO DO DIA VOCÊ COSTUMA FAZER ATIVIDADES DE LAZER, COMO PASSEAR NO PARQUE?

_____

8 EM QUE PERÍODO DO DIA O RESPONSÁVEL POR VOCÊ TRABALHA?

_____

9 DESENHE UMA DAS ATIVIDADES QUE VOCÊ COSTUMA FAZER COM SEUS AMIGOS DURANTE O DIA.

10 COMPARE AS FOTOGRAFIAS A SEGUIR E, DEPOIS, RESPONDA ÀS QUESTÕES.

▶ Osmoloda, Ucrânia, 2019.

▶ Ilhas Galápagos, Equador, 2018.

A) QUE LUGAR ESTÁ REPRESENTADO NAS IMAGENS?

☐ MORADIA.

☐ ESCOLA.

B) ESCREVA AS CARACTERÍSTICAS NATURAIS DOS LUGARES APRESENTADOS PELAS FOTOGRAFIAS.

◆ PRIMEIRA FOTOGRAFIA

_____

_____

◆ SEGUNDA FOTOGRAFIA

_____

_____

11 OBSERVE A IMAGEM A SEGUIR E RESPONDA.

A) QUE TIPO DE MORADIA ESTÁ REPRESENTADO NA IMAGEM?

☐ PALAFITA.

☐ SOBRADO.

☐ PRÉDIO.

B) POR QUE NA IMAGEM A MORADIA TEM ESTACAS?

☐ FAZ MUITO FRIO NO LUGAR REPRESENTADO.

☐ CHOVE POUCO NO LUGAR REPRESENTADO.

☐ A MORADIA DEVE FICAR ACIMA DO NÍVEL DA ÁGUA.

C) QUE MATERIAL FOI UTILIZADO PARA CONSTRUIR A MORADIA REPRESENTADA?

☐ TÁBUAS DE MADEIRA.

☐ TIJOLO.

☐ PEDRAS.

12 RELACIONE AS MORADIAS ÀS SUAS CONDIÇÕES NATURAIS.

A) LOCAIS QUENTES

B) LOCAIS ONDE NEVA

C) LOCAIS COM RIOS

D) LOCAIS COM POVOS NÔMADES

☐ AS MORADIAS DEVEM SER FACILMENTE TRANSPORTADAS.

☐ AS MORADIAS DEVEM TER JANELAS GRANDES, QUE POSSIBILITAM A CIRCULAÇÃO DO AR.

☐ AS MORADIAS DEVEM TER ESTACAS, PARA QUE A ÁGUA NÃO AS ATINJA.

☐ AS MORADIAS DEVEM TER TETO INCLINADO, PARA QUE A NEVE NÃO SE ACUMULE NO TELHADO.

13 MUITAS PESSOAS VIVEM PERTO DE RIOS E DELES OBTÊM O ALIMENTO. ENCONTRE O CAMINHO QUE AJUDARÁ O PESCADOR A CONSEGUI-LO.

14 SUA MORADIA FOI CONSTRUÍDA EM UM LUGAR QUENTE OU FRIO?

_____

15 SUA MORADIA FOI CONSTRUÍDA EM UM LUGAR CHUVOSO OU SECO?

_____

16 SUA MORADIA TEM ALGUMA CARACTERÍSTICA RELACIONADA À NATUREZA DO LUGAR ONDE VOCÊ VIVE? QUAL?

_____

_____

17 CONSIDERE O LUGAR ONDE VOCÊ VIVE. DE QUE CARACTERÍSTICA DA NATUREZA VOCÊ MAIS GOSTA?

_____

_____

18 ESCREVA AS CARACTERÍSTICAS DA NATUREZA DO LUGAR APRESENTADO.

▶ Iranduba, Amazonas, 2015.

_____

_____

Unidade 2

1 Elabore um desenho que apresente a importância da escola.

2 Escreva duas características da escola em que você estuda.

_____

_____

_____

3 Reconheça, pelas características descritas, os diferentes tipos de escola. Para compor as respostas, encontre as palavras no diagrama.

a) Presente nas aldeias. Nelas se estudam também as tradições do povo que vive naquele lugar.

_____

b) Escola onde as atividades estão adequadas ao trabalho no campo.

_____

c) Escola presente em comunidades de remanescentes de quilombos.

_____

d) Escola em lugares onde, em alguns períodos, chove muito e ocorrem alagamentos.

_____

I	N	D	Í	G	E	N	A	O	G	I	F	J
S	A	E	O	U	T	I	K	O	B	P	T	U
D	R	U	R	A	L	E	L	T	I	F	R	O
Q	U	I	L	O	M	B	O	L	A	K	J	H
U	H	G	V	X	D	P	E	D	R	S	T	E
L	L	U	T	D	A	N	D	E	D	A	N	P
F	T	G	E	H	I	S	P	Q	O	O	B	L
G	A	T	H	L	O	P	X	S	L	P	A	J
E	M	P	L	H	F	O	V	M	D	E	L	Q
M	O	A	T	L	Q	A	F	S	X	G	L	E
F	L	U	T	U	A	N	T	E	R	V	N	I

4 Observe a imagem da sala de aula e, conforme a posição dos objetos e das pessoas, faça o que se pede.

a) Considerando o aluno Marcelo, quem está sentado:

- à sua direita? _____

- à sua esquerda? _____

- à sua frente? _____

- atrás dele? _____

b) Onde está o globo terrestre?
_____

c) Onde está a bola de vôlei?
_____

d) Onde está a árvore?
_____

5 Escreva o nome de um material escolar que você costuma deixar em cima da carteira.

_____

_____

6 Escreva em que posição cada objeto foi observado: de frente ou de cima.

a) _____

_____

b) _____

_____

c) _____

_____

d) _____

_____

7 Circule o objeto que é visto do alto e de lado.

8 Observe a fotografia a seguir e responda.

▶ Escola Estadual de Ensino Fundamental Padre Cícero. Juazeiro do Norte, Ceará, 2015.

◆ A visão da escola apresentada pela fotografia é oblíqua, frontal ou vertical?

9 Pinte alguns elementos que podemos encontrar nos caminhos que ligam os lugares.

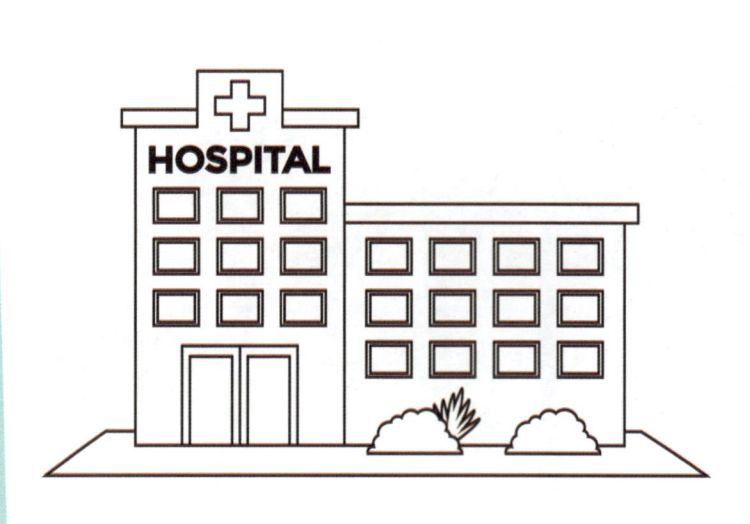

Ilustrações: Gutto Paixão

10 Complete o diagrama com o nome de outros elementos que podem ser encontrados no caminho que fazemos de nossa moradia até a escola.

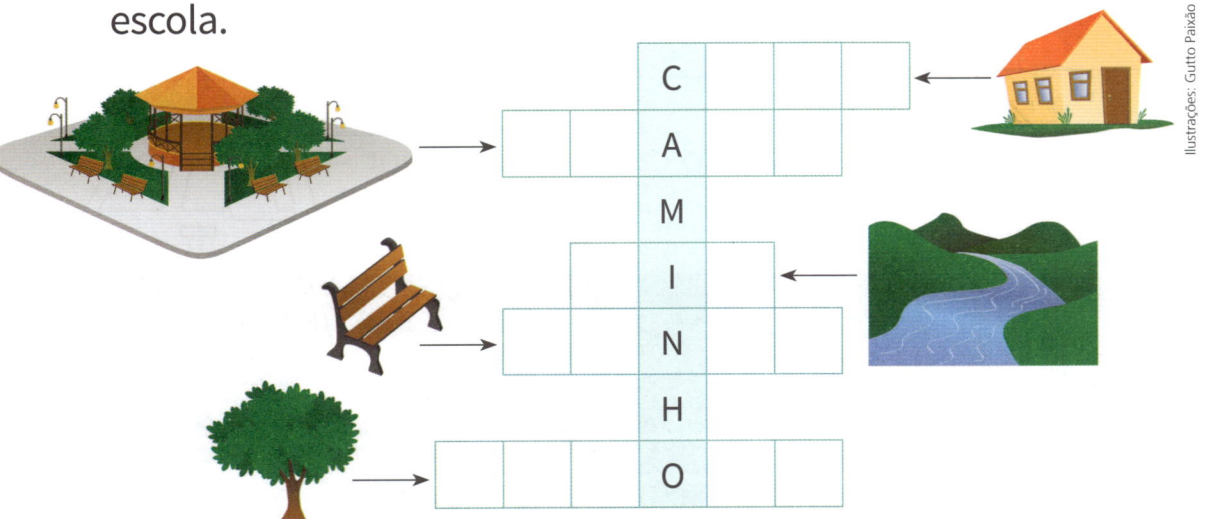

11 Observe o desenho e depois responda.

a) Quais elementos Ana observa no caminho até a escola?

_____

b) Quais elementos Gabriel observa no caminho até a escola?

_____

c) A visão do caminho apresentado pela imagem é oblíqua ou vertical?

_____

12 Considere o desenho da atividade 11. Qual das crianças faz um caminho mais longo para ir à escola?

_____

13 Observe outra representação do caminho feito por Ana e Gabriel até a escola.

- A imagem representa uma visão oblíqua ou vertical do caminho até a escola? Por quê?

_____

14 O caminho que você faz entre sua moradia e a escola é curto ou longo?

_____

_____

15 Considerando o caminho que Felipe faz de onde mora até a escola onde estuda, desenhe:

a) árvores, à esquerda;

b) casas, à direita.

Unidade 3

1 Assinale as alternativas que melhor descrevem a rua onde você mora.

- ☐ É asfaltada.
- ☐ É de paralelepípedo.
- ☐ É de terra batida.
- ☐ Tem calçada.
- ☐ Não tem calçada.
- ☐ Tem muitas construções.
- ☐ Tem poucas construções.
- ☐ Tem árvores.
- ☐ Não tem árvores.
- ☐ Tem curvas.
- ☐ É reta.
- ☐ É inclinada.
- ☐ É bem movimentada.
- ☐ Tem pouco movimento.

2 Complete o diagrama com o nome de alguns elementos encontrados nas ruas que fazem parte do patrimônio público.

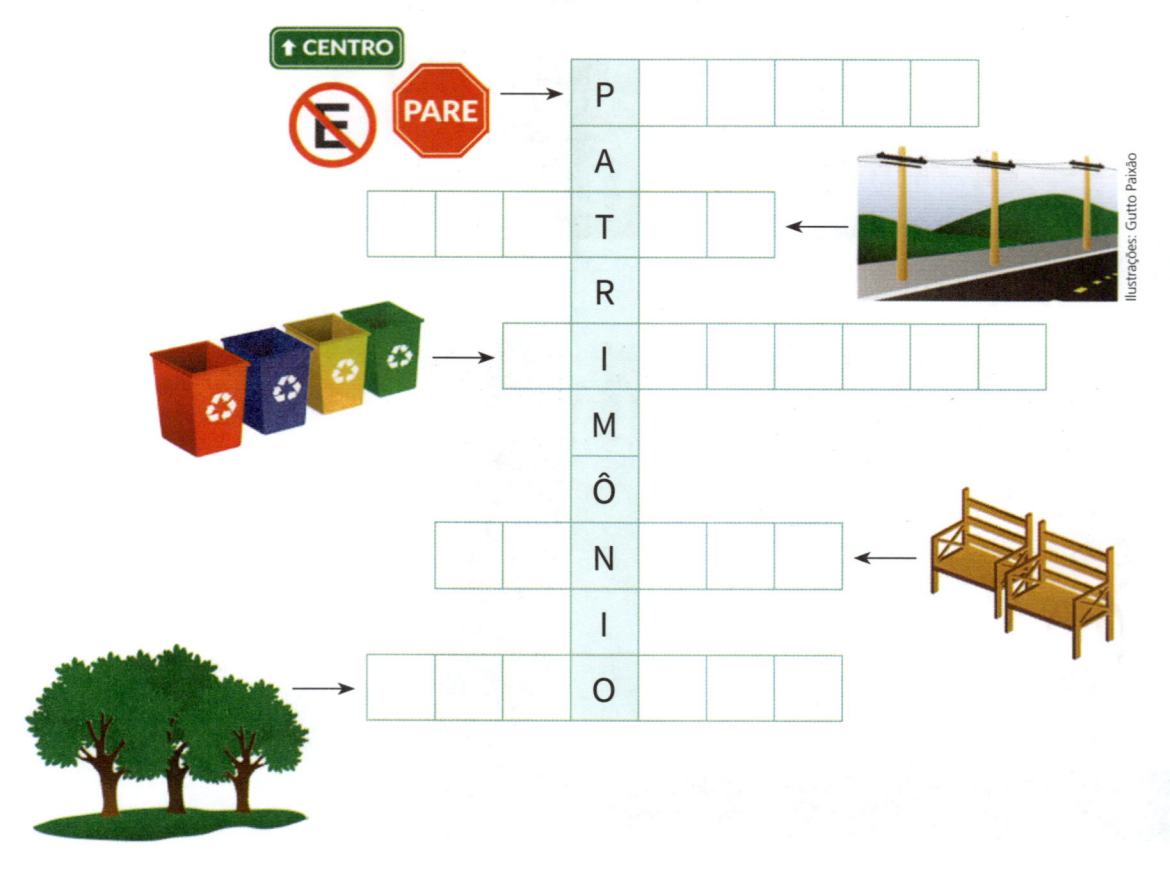

P
A
T
R
I
M
Ô
N
I
O

3 A rua é um espaço onde se desenvolvem várias atividades. Assinale a alternativa que identifica o uso da rua representada nas fotografias.

◻ circulação
◻ atividade comercial
◻ atividade cultural

▶ Feira livre. Cambuí, Minas Gerais, 2018.

◻ circulação
◻ atividade comercial
◻ atividade cultural

▶ Movimentação de carros e pedestres em rua. São Paulo, São Paulo, 2016.

◻ circulação
◻ atividade comercial
◻ atividade cultural

▶ Crianças comemoram o Carnaval. São Paulo, São Paulo, 2017.

4 Desenhe um meio de transporte:

a) terrestre

b) aéreo

c) aquático

5 Qual é a importância dos meios de transporte?

_____

_____

6 Identifique com a letra **C** os meios de transporte coletivo e com **P** os meios de transporte privado.

7 Complete as frases com o que devemos fazer para usar o transporte com segurança.

a) Ao utilizar um carro todos devem usar o

_____

b) Os motociclistas e os ciclistas devem usar

_____

c) Ao usar barcos, canoas e balsas devemos vestir

_____

8 Assinale as alternativas que indicam por que devemos dar preferência aos meios de transporte coletivo.

☐ Transportam maior número de passageiros.

☐ Melhoram o trânsito, evitando congestionamentos.

☐ Contribuem para diminuir a poluição do ar.

9 Ordene as sílabas e complete a frase.

Quando nos MOS CO NI MU CA _____ transmitimos nossas I AS DEI _____ , SEN MEN TOS TI _____ e IN MA FOR ÇÕES _____ .

10 Identifique o que cada desenho transmite e que tipo de comunicação foi utilizada: gesto, escrita, oral.

a) _____
_____

b) _____
_____

c) _____
_____

11 Troque os símbolos pela sílaba correspondente e descubra o nome de alguns meios de comunicação.

*	♣	♥	∞	≈	♦	Ω
RÁ	VIS	TE	FO	NAL	TA	DIO

♠	•	α	θ	λ	Ψ
NE	SÃO	RE	LE	VI	JOR

a) ♥θ∞♠

_____

b) ♥θλ•

_____

c) Ψ≈

_____

d) *Ω

_____

e) α♣♦

_____

12 Numere a segunda coluna de acordo com a primeira.

1. meio de comunicação escrita
2. meio de comunicação oral
3. meio de comunicação por sinais
4. meio de comunicação oral e visual

( ) Libras
( ) televisão
( ) jornal
( ) telefone

13 Os meios de comunicação evoluíram com o tempo. Observe as fotografias e numere-as colocando 1 para o meio de comunicação mais antigo até chegar ao número 5 para o mais moderno.

14 Ao acessar a internet, devemos ter alguns cuidados. Coloque **C** se a atitude for correta e **E** se a atitude for errada.

☐ Só compartilho informações pessoais com quem conheço.

☐ Baixo arquivos desconhecidos.

☐ Não acredito em tudo que está publicado na internet.

15 Numere de **1** a **8** seus programas preferidos na televisão, sendo **1** o que você mais gosta e assiste e **8** o que você menos gosta e não assiste.

☐ telejornal ☐ filmes

☐ novelas ☐ séries

☐ desenho animado ☐ programa musical

☐ esporte ☐ programa de entrevistas

Unidade 4

1 Assinale a resposta correta que completa cada uma das frases a seguir.

a) O bairro é cada uma das partes em que se pode dividir _____.

☐ uma cidade ☐ uma rua

b) Em um bairro existe(m) _____ paisagem(ns).

☐ uma ☐ várias

c) Os bairros são _____ entre si.

☐ iguais ☐ diferentes

2 Observe as fotografias que mostram parte de bairros na cidade de Altamira, no Pará. Complete o quadro com as semelhanças e diferenças entre esses bairros.

Semelhanças	Diferenças

3 Assinale a alternativa que melhor demonstra como é o bairro onde você vive.

☐ Tem mais residências.

☐ Tem mais estabelecimentos comerciais.

☐ Tem mais indústrias.

4 Um bairro pode mudar com o tempo. Essas mudanças podem ocorrer pela ação do ser humano ou ser provocadas por algum desastre ambiental. Observe as imagens que mostram mudanças no bairro do Centro de Salvador, na Bahia.

◆ Cite as principais mudanças que ocorreram.

_____

5 Identifique as atividades econômicas descritas a seguir.

a) criação de animais: _____

b) plantação e colheita: _____

c) transformação de matérias-primas em outros produtos: _____

d) extração de produtos da natureza: _____

e) compra e venda de mercadorias: _____

6 Observe as fotografias e depois responda às questões.

a) Que atividade econômica cada foto retrata?

_____

_____

b) Qual é a relação entre essas atividades econômicas?

_____

_____

_____

c) Qual das atividades retratadas é mais comum no bairro onde você mora? Justifique com exemplos.

_____

_____

_____

_____

7 Assinale o tipo de atividade econômica retratada na tela a seguir.

☐ pecuária
☐ agricultura
☐ extrativismo
☐ comércio

▶ Luciana Mariano. *Paisagem rural: as mulheres do Brasil e a colheita do café*, 2017. Acrílica sobre tela, 30 cm x 40 cm.

8 Em que consiste a atividade da agricultura?

_____
_____

9 Como a agricultura modifica a paisagem?

_____
_____

10 Que elementos da natureza são fundamentais para a realização da agricultura?

_____

11 O solo e a água são recursos fundamentais para a existência de vida. Cite duas formas de proteger esses recursos naturais.

_____
_____

12 Explique o que é migração e exemplifique.

_____

_____

13 Complete as frases com as palavras do quadro.

> costumes   enriquecem   diversas

a) Em um bairro moram pessoas que podem ter _____ origens.

b) Os migrantes mudam a paisagem do bairro, pois trazem seus

_____ e tradições.

c) A troca de costumes e os diferentes modos de vida

_____ a cultura de um povo.

14 Complete as palavras utilizando a primeira letra de cada desenho e descubra características da culinária de cada povo.

a) João é gaúcho e mudou-se para Rondônia. Levou consigo um hábito alimentar típico do Rio Grande do Sul, o:

H _ _ _ _ S _

_____

b) Catarina é cearense e mudou-se para o Paraná. Levou consigo um hábito alimentar, o:

_ _ I Ã _ E _ I S

_____

15 Troque os números pelas letras correspondentes e descubra tudo o que faz parte da cultura de um povo.

1	2	3	4	5	6	7	8
A	C	Ç	D	E	F	H	I

9	10	11	12	13	14	15	16	17
L	M	N	O	Õ	R	S	T	U

a) 2-12-15-16-17-10-5-15 _____

b) 16-14-1-4-8-3-13-5-15 _____

c) 2-12-11-7-5-2-8-10-5-11-16-12 _____

d) 6-5-15-16-1-15 _____

e) 2-14-5-11-3-1-15 _____

f) 1-14-16-5 _____

g) 2-17-9-8-11-1-14-8-1 _____

16 Existem diferentes tipos de manifestação histórica e cultural. Pense no lugar onde você mora e cite exemplos dessas manifestações.

_____

_____

_____

_____

17 Identifique as contribuições históricas e culturais nos bairros de acordo com as cores indicadas.

🟦 arquitetura

🟨 manifestação cultural

🟥 culinária

▶ São Luís, Maranhão, 2017.

▶ Rio de Janeiro, Rio de Janeiro, 2018.

▶ São Paulo, São Paulo, 2016.

▶ Castro, Paraná, 2017.

▶ Blumenau, Santa Catarina, 2018.

▶ São Paulo, São Paulo, 2017.

18 Em um bairro podemos perceber a presença do antigo e do novo. Circule nas fotografias os elementos que mostram construções históricas.

▶ Cuiabá, Mato Grosso, 2018.

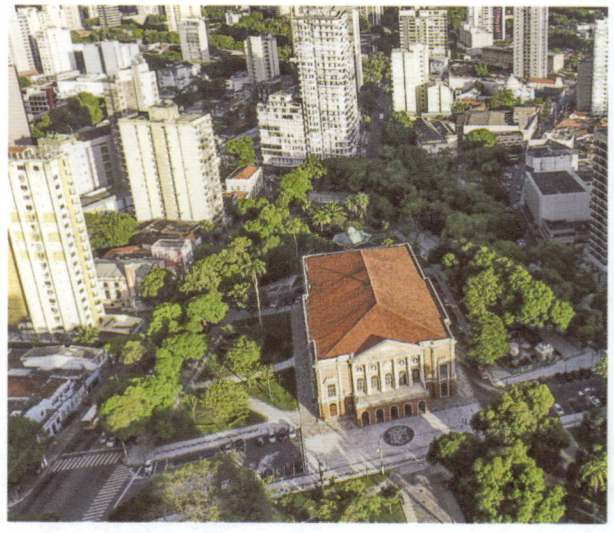

▶ Belém, Pará, 2018.

▶ Salvador, Bahia, 2015.

▶ São Paulo, São Paulo, 2018.

19 Você considera importante preservar as construções históricas? Justifique sua resposta.

_____

_____

_____

Caderno de cartografia

Os colegas ao meu redor

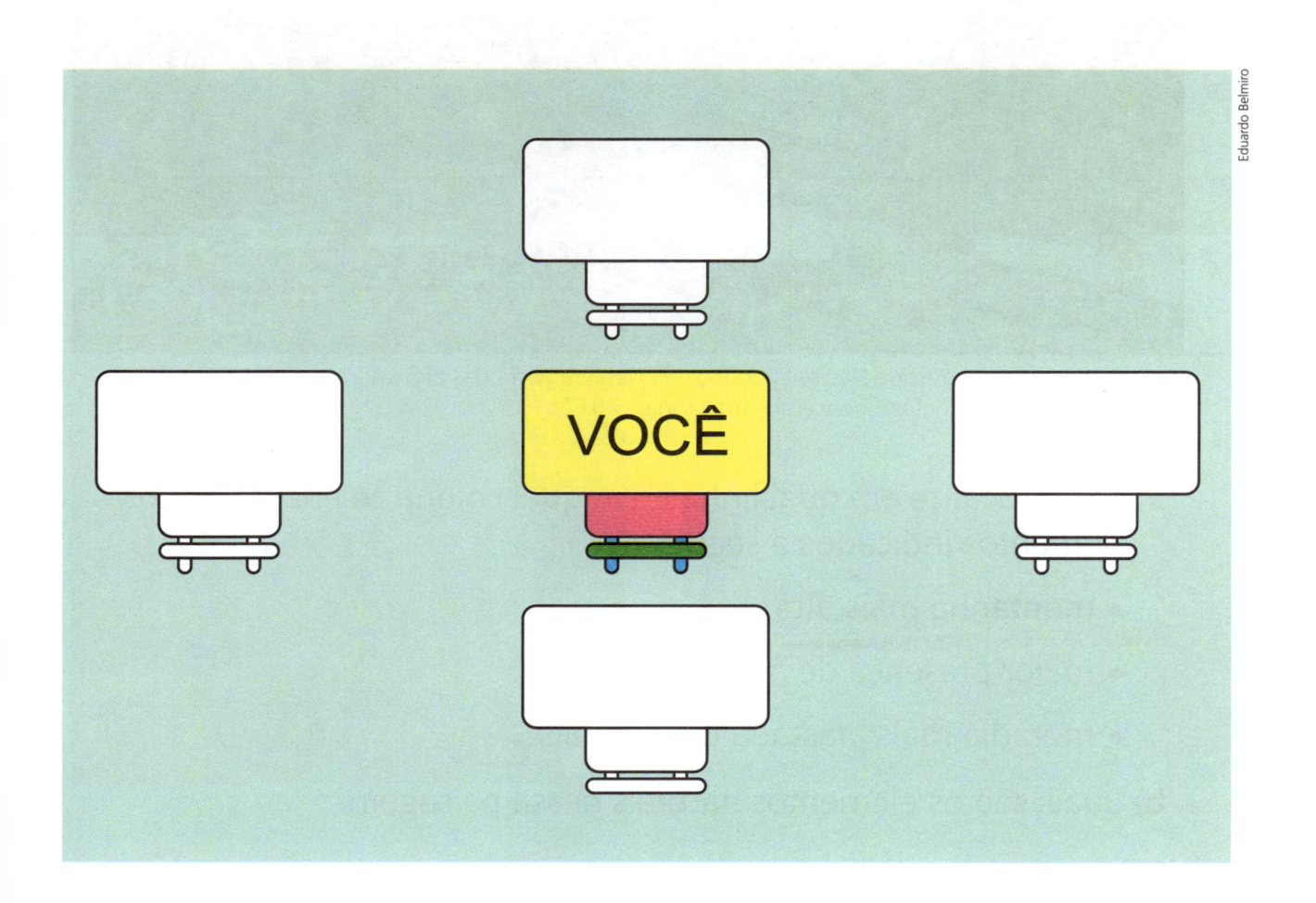

Observando a paisagem

1 Observe a paisagem fotografada. Nela foram incluídas quadrículas para facilitar a localização de alguns elementos.

	1	2	3
A			
B			
C			

▶ Serra do Imeri, no Parque Nacional do Pico da Neblina, vista das aldeias Yanomami de Maturacá e Ariabu. Santa Isabel do Rio Negro, Amazonas, 2017.

a) Agora localize em qual linha e em qual coluna se encontram os elementos indicados a seguir.

- montanha mais alta ☐
- maior presença de moradias ☐
- moradia mais afastada das demais ☐

b) Quais são os elementos naturais dessa paisagem?

_____

c) A paisagem retrata uma aldeia indígena. Quais modificações foram realizadas na paisagem por essa sociedade?

_____

Diferentes pontos de vista

Não são apenas objetos que podem ser retratados de diferentes pontos de vista. Veja as imagens a seguir. Uma delas é a de um bairro visto de cima para baixo, fotografado por um avião. Ela é chamada de fotografia aérea. A outra é uma visão do alto e de lado; o fotógrafo estava posicionado num nível mais alto que o do bairro, mostrando uma paisagem mais ampla.

1 Observe as imagens e identifique qual delas representa uma visão vertical.

▶ Bairro do Pina. Recife, Pernambuco. A primeira imagem é de satélite, 2017, e a segunda é fotografia, 2016.

Planta cartográfica

Observe a imagem a seguir.

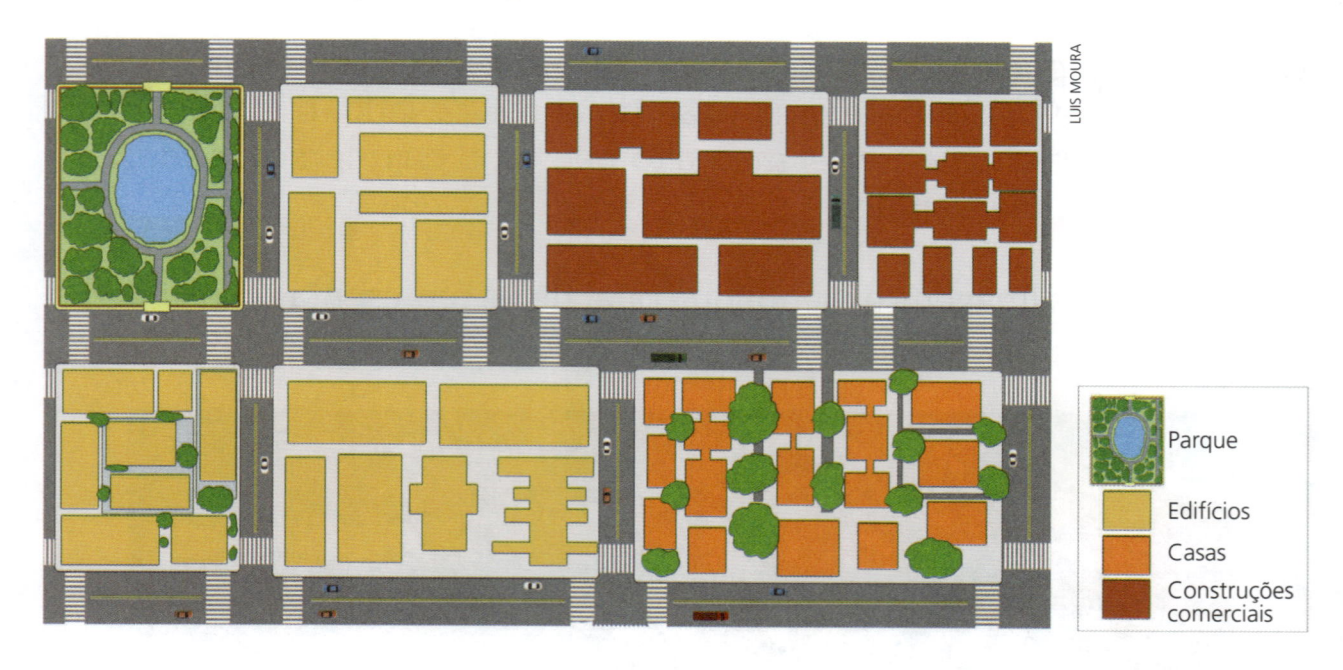

Ela é uma planta **cartográfica**, ou seja, o desenho de um espaço visto de cima para baixo. Além do bairro, a planta pode representar outros espaços, como uma casa, uma escola, uma sala de aula etc.

1 Agora responda:

a) Que elementos foram mapeados?

_____

_____

b) O que está representado com a cor verde?

_____

c) O que a cor cinza representa?

_____

2 Trace um caminho que ligue uma das casas até o parque sem passar pelas construções comerciais.

Encartes

Peças para a atividade da página 30.

Recortar

Peças para a atividade da página 58.

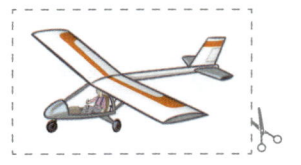

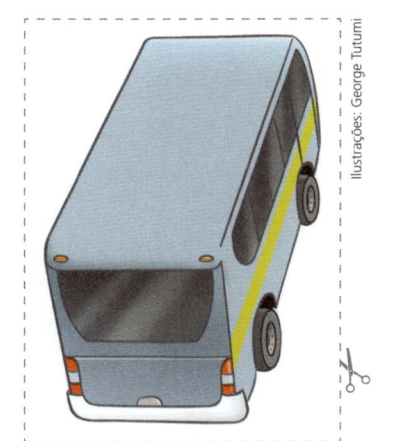

Recortar